afkn 키드의 미국 들여다보기

나남
nanam

유재용

고려대학교 경영학과 졸업

미국 위스콘신대학교(매디슨) MBA

영국 카디프대학교 저널리즘 석사

1991년 MBC 보도국 입사

워싱턴 특파원(2003. 7~2006. 7)

현재 MBC 보도국 재정금융팀장

나남신서 1252

afkn 키드의 미국 들여다보기

2007년 10월 25일 발행
2007년 10월 25일 1쇄

저자_ 兪在鎔
발행자_ 趙相浩
발행처_ (주) 나남
주소_ 413-756 경기도 파주시 교하읍
출판도시 518-4
전화_ (031) 955-4600 (代), FAX : (031) 955-4555
등록_ 제 1-71호(79.5.12)
홈페이지_ http://www.nanam.net
전자우편_ post@nanam.net

ISBN 978-89-300-8252-5
ISBN 978-89-300-8001-9
책값은 뒤표지에 있습니다.

나남신서 1252

afkn 키드의 미국 들여다보기

유재용 특파원 현장보고

나남
nanam

프·롤·로·그

작년 여름, 입사 이후 처음으로 어느 정도 여유를 가질 수 있는 시간이 있었다. 시간이 많으면 잡념도 따르기 마련. 뭔가 할 게 있을까 생각하다 떠오른 게 이 책을 써보자는 것이었다. 머릿속에 떠오르는 생각들을 청소해야 할 필요가 있었다. 무언가 남들에게 하고 싶은 얘기가 있었다. 남들도 내 얘기를 듣고 싶어 하는가는 완전히 별개의 문제이고, 이 책이 나오면 알게 되겠지만….

이 책은 미국에 관한 책이다. 너무나 많은 사람들이 알고 있는 나라에 대해 새삼 얘기를 한다는 건 상당히 부담스런 일이다. 미국이 한국의 현대사에 미친 영향이 얼마나 컸는가는 새삼 말할 필요가 없는 부분이다. 하지만 미국이 차지하고 있는 이 커다란 자리는 친미건 반미건 간에 미국에 대한 집착을 낳고 논의를 건강하지 못한 방향으로 이끌어 가는 이유가 되기도 한다. 많은 사안들은 한국 사회의 내부 역학관계에 따라, 주장하는 사람들의 관점에 따라 해석되고, 이 과정 속에서 정작 논의대상인 미국에 대한 이해는 오히려 뒤로 밀려나고 있는 듯하다. 잠시 한국이라는 관점을 접고 미국이란 나라는 어떤 나라인가를 순수한 관찰로, 재미로 살펴보는 데 도움이 됐으면 한다.

개인적으로는 이 책을 쓰면서 고등학교 시절, 공부하라는 호소를 무시하고 AFKN 보는 아들 때문에 속끓이셨던 부모님 생각이 가끔 났다. 아들이 그냥 시간만 낭비하지는 않았다는 걸 뒤늦게 알려드리게 돼 다행이다. 또 집사람의 독촉이 아니었으면 게으른 내가 책을 쓸 수 있었을지 상당히 의심스럽다.

2007년 10월

유 재 용

나남신서 1252

afkn 키드의 미국 들여다보기

차 례

테돌이와 AFKN

처음으로 AFKN American Forces Korea Network 을 봤던 게 언제인지는 정확하지 않다. 서울 수유리에 살던 중학교 무렵, 그러니까… 1970년대 후반이 맞는 것 같다. 우리가 자랄 당시만 해도 공중파 방송들이 주말에 주로 미국영화를 방영하던 주말의 명화, 명화극장 같은 프로그램은 대단한 인기였다. 카사블랑카에 나오는 잉그리드 버그만의 뽀얀 얼굴과 와이어트 어프 Wyatt Earp 로 나오는 헨리 폰다의 선량한 카우보이 연기, 프레드 아스테어와 진저 로저스의 환상적인 탭댄스는 지금 청소년들은 상상도 할 수 없이 열악한 문화환경에서 자라던 우리 세대에게 세상에 저런 작품을 만들어 내는 사람들도 있구나 하는 경이감을 던져 줬던 것이다.

그러던 내가 언제부턴가 주말의 명화를 보는 횟수가 적어지기 시작했는데 그것은 주한미군을 위해 방송되는 AFKN American Forces Korea Network, 지금은 AFN, American Forces Network로 바뀌었다 때문이었다. 고등학생이 되고 영어수준이 일정 수준에 이르기 시작하면서 AFKN은 내게 흥미진진한 볼거리가 됐다. 특히 고등학교 때이던가 집에 금성에서 만든 컬러 TV가 들어오고 AFKN을 컬러로 볼 수 있게 됐을 때의 흥분은 지금도 기억이 생생하다. 주말의 명화와는 달리 성우의 더빙 없이 들어야 하는 방송이라 처음에는 거의 알아들을 수 없었지만 그건 문제가 되지 않았다. 참을성 있게 TV를 보면서 줄거리를 나름대로 상상해 꿰어 맞춰 가는 것도 재미가 있었다. 제일 좋아하는 과목이 영어였던 것도 나의 AFKN 시청을 지속시킨 중요한 이유였다. 지금도 나는 미국방송 시청이 시간이 많이 걸리기는 하지만 영어 리스닝을 늘리는 좋은 방법이라고 생각한다.

어쨌거나… 무슨 이유에선지 어릴 때부터 집안에서 별명이 '테돌이'일 정도로 텔레비전 보는 것을 좋아했던 나에게 AFKN은 TV 보기의 전환점이었다. AFKN이 좋았던 것은 성우로는 전해지지 않는 배우들의 감정이 느껴진다는 것이었다. 주말의 명화에서 보는 오래 된 영화들이 대부분 뭔가 환상적이고 비현실적이라는 느낌을 지울 수 없었던 데 비해 AFKN은 그렇지가 않았다. 영화뿐 아니라 보도나 교양 프로그램도 볼 수 있었기 때문에 보다 현실적인 미국의 종합적인 면모가 주말의 명화와는 전혀 다른 각도에서 다가왔던 것이다.

AFKN은 특히 방학 때 많이 볼 수 있었다. 아침에는 세서미 스트리트 같은 아이들 상대의 프로그램이 있었는데 이것도 가끔 보기는 했다. 몇 년 전인가 얼핏 세서미 스트리트를 보니 예전에 그렇게 예뻤던 마리아가 완전히 중년의 아줌마가 돼 있었다. 하지만 본격적인 TV 보기는 낮 무렵 필 도나휴라는 하얀 머리 아저씨가 진행하는 토크쇼로 대부분 시작했다. 도나휴는 오프라 윈프리가 출세하기 전, 원조 낮 토크쇼의 황제였다. 윈프리와는 달리 공격적이고 날카로운 질문이 두드러진, 언론인에 가까운 진행자였다. 나중에는 대통령 후보들이 벌이는 토론의 사회를 맡을 정도였는데, 결론을 찾아, 때로는 출연자에게 거친 질문을 쏟아내는 그의 열정이 인상적이었다.

그리고는 Ryan's Hope라는 소프 오페라 soap opera, 낮에 하는 연속극이 있었다. 나는 한동안 이 드라마를 '리안스 호프'라고 생각했는데 정확한 이름이 라이언스 호프이고 드라마가 아일랜드계 이민자 집안의 얘기란 것을 한참 뒤 영어가 들리기 시작하고서야 알았다. 거의 20년 뒤 미국 최고 인기 드라마로서 수많은 계열 드라마를 거느린, '족벌'드라마 CSI를 보다가 어

보다 대중적이고 감성적인 윈프리가 나중에 이 사람을 밀어낸 것은 어찌 보면 당연한 일이다. 윈프리는 출연자가 나와서 자신의 슬픈 인생사를 얘기하면 같이 눈물을 흘리는 친근한 퍼스낼러티로 마이클 조던, 타이거 우즈와 더불어 미국사회에서 주류 중에 주류가 된 흑인이다. 윈프리를 미국 연예계의 first lady라고 해도 과언은 아니다.

디서 많이 본 배우인데 하고 기억을 더듬어 보니 여기 나오는 고참 여자 수사관이 바로 라이언스 호프에 나왔던 예쁜 빨간 머리 여자배우였다.

라이언스 호프가 끝나면 또 다른 소프 오페라로, 지금도 계속 방영되고 있는 General Hospital이 이어졌다. 당시 여자주인공이었던 로라는 약혼자인지 남편인지를 버리고 남자주인공 루크와 도피행각을 벌여 미국에서 한창 인기가 높았었다. 최근에 보니 이 두 남녀배우는 초로의 아저씨, 아줌마가 돼 아직도 그 드라마에 출연하고 있었다. 뿐만 아니라 옛날에 아역으로 나왔던 여자배우는 이제 다 커서 베드신에 나오기도 하고 있었다. 아마도 이들은 꼬부랑 할아버지, 할머니가 될 때까지 General Hospital에 나오지 않을까 싶다. 이 드라마들이 나의 흥미를 끌었던 것은 이들이 매우 동시대적인 미국을 보여줬기 때문이었다. 여기서 보여주는 인간관계라는 것이 동양적 가치관에서 자란 우리들에게는 상상도 할 수 없을 만큼 '현대'적인 것이어서 충격이었다. 남편이 버젓이 있는데 여의사가 다른 남자랑 연애하는 것이 방송에 나오는 것이었다. 거기에다 왜 그렇게 오디오 녹음은 잘 되는지 서로 쪽쪽 입을 맞추는 소리가 리얼하게 전달되던 것이 기억에 남는다.

AFKN에서 틀어 주는 영화도 주말의 명화보다 조금 더 새 거였던 것은 물론이다. 한국 채널에서는 보여주지 않는 비주류적 영화와 현실적 스토리의 영화를 볼 수가 있었기 때문에, 새 것을 볼 수 있다는 기쁨 외에 미국이 어떤 나라구나 하는 나름대로의 그림이 그려지는 부수효과가 있었다. 나의 미국 TV 보기는 고등학교에서 대학교를 거쳐 미국 대학원 유학과 워싱턴 특파원 시절로까지 끊어졌다 이어졌다 계속됐고, 영역도 그때그때 좋아하는 취향이 달라지면서 NBA와 NFL, MLB 같은 스포츠와 뉴스, Saturday Night Live 같은 코미디 프로로까지 마구잡이로 넓어졌다. 책의 전개를 위해 나의 TV 보기 전력을 잠깐 소개해 보고자 한다.

1980년대에는 단연 NBA, 프로농구가 나의 TV 보기를 이끄는 축이었다. 당시 나는 열렬한 LA Lakers 팬이었다. 샌프란시스코 49ers의 조 몬타나가 활약하는 미식축구도 재미있었지만 미식축구는 게임이 자주 열리지 않고 겨울에만 볼 수 있었다. 미국 프로농구는 당시 두 걸출한 흑백 스타 때문에 막 화려한 전성기를 열고 있었다. 지금도 역대 운동선수 가운데 가장 좋아하는 선수가 누구냐고 묻는다면 32번 등번호를 달고 뛰었던 LA Lakers의 매직 존슨이라고 말할 것이다. 라이벌인 래리 버드가 이끄는 보스턴 셀틱스와의 게임은 정규시즌이건 결승전이건, 만사를 제쳐 두고 TV 앞에 달라붙어 응원을 했다. 이때 집 거실에 나무의자가 하나 있었는데 우연의 일치겠지만 여기 앉아서 경기를 보면 레이커스가 자꾸 골을 넣는 것이었다. 그래서 그 다음부터는 꼭 그 나무의자에 앉아서 경기를 봤던 기억이 있다. 당시 내가 본 경기는 주한미군의 활동시간 때문에 대부분이 녹화중계였으니 얼마나 멍청한 짓이었던가! 하지만 그런 사실을 알면서도 한동안 이 습관을 멈출 수가 없었다.

매직 존슨과 래리 버드

존슨과 버드, 이 전설적인 라이벌 간의 대결에서 초창기에는 존슨, 즉 레이커스가 지는 일이 많았다. 초반에는 정규시즌 MVP도 래리 버드가 더 자주 차지했었다. 존슨과 버드 시대 이전에도 빌 러셀이 이끄는 셀틱스는 제리 웨스트와 윌트 체임벌린이 이끄는 레이커스를 번번이 결승전에서 이겨 레이커스 팬들은 '레이커스는 셀틱스에게 이길 운명이 아니다'라는 묘한 패배적 운명론에 사로잡혀 있었다. 보스턴 레드삭스가 뉴욕 양키스에게 갖던 감정과 비슷한 것이라 할 수 있겠다. 스포츠를 좋아하는 사람이 아니라면 자기가 열렬히 응원하는 팀이 결승전에서, 그것도 가장 미워하는 전통의 라이벌에게 아깝게 졌을 때의 분노와 상실감을 모를 것이다. 레이커스가 셀틱스에게 질 때마다 느꼈던 울화란! 하지만 존슨은 역사상 가장 위대한 포인트 가드답게 레이커스를 5번이나 우승으로 이끌면서 팀을 운명적 패배론에서 구출한다. 결국 두 사람의 선수생활 후반부로 가면서 존슨이 버드에게 이기는 횟수가 많아지는 방향으로 전개되었다. 레이커스가 쓰는 농구장 앞에 존슨의 동상이 건립된 것은 너무나도 당연한 일이다.

농구보다는 덜 했지만 미식축구와 야구 역시 빼놓을 수 없는 맛있는 TV 프로그램들이었다. 미식축구는 복잡한 룰을 이해하기가 어렵고 사실은 지금도 룰을 모두 다 알지는 못하지만… 선수들의 얼굴이 헬멧에 가려 보이지 않는다는 낯섦 때문에 처음에는 서먹했지만 나중에 보니 오히려 그 복잡한 작전이 매력을 끄는 점이었다. 야구는 당시 데이브 윈필드라는 거구의 외야수와 돈 매팅리라는 걸출한 1루수가 뛰던 뉴욕 양키스를 응원했다. 이상스럽게도 늘 지는 팀을 좋아하게 되는 습성 때문이었는데, 당시 양키스는 화려한 역사에도 불구하고 침체기를 겪고 있었다. 재미있는 것은, 젊었을 때 좋아했던 농구보다는 상대적으로 덜 좋아했던 야구가 나이들수록 더 재미있어진다는 것이다. 나만 그런 것인지는 모르겠지만, 아들들이 농구를 제일 좋아하는 것을 보면 농구가 젊은 사람들의 스포츠라는 생각이 들기도 한다. 스포츠에 대해서는 나중에 좀더 자세히 얘기해 보기로 하겠다.

Saturday Night Live라는 공개 코미디프로는 당시 농구와 함께 나의 시간을 빼앗았던 프로그램이었다. 나중에 48시간, 비버리 힐스 캅에서 주연하면서 영화배우로 유명해진 에디 머피가 나오던 당시, 그러니까 1980년대 초반부터 이 프로그램을 좋아했다. 사실 코미디는 영

대학교 3학년 겨울방학 때,
유학가 보겠다고 영어공부하기 위해서
친구들과 팔자에 없는 시골 고시원에 들어
갔다가, 공부가 지겨워서 슈퍼볼 본다는 핑계로
집에 돌아왔던 기억이 난다.

어 리스닝의 마지막 고봉이라고 해야 할 것이다. 단순히 영어를 알아듣는 것으로는 이해가 되지 않고 그 나라에서 당시에 관심을 끌고 있는 사안들까지 배경 정보로 갖고 있어야 내용이 들어오고 즐길 수가 있기 때문이다. 따라서 이해가 되지 않는 부분이 많기는 했지만 여기서 나오는 유머의 종류가 한국에서는 접해 보지 못한 것이었기 때문에 상당히 신선한 느낌을 줬다. 지금은 좀 나아졌지만 한국의 경우 코미디에는 도둑놈이 많이 나왔다. 다른 직업을 가진 사람이 나오면 해당 직능단체로부터 항의를 받았기 때문이라는 말도 있다. 풍자야말로 코미디의 핵심인데 당시 한국의 풍토에서는 지금도 어느 정도 비슷하다고 할 수 있지만 그걸 맘 놓고 할 수가 없었던 것이다. 반면 이 SNL에서는 무차별 풍자가 자행됐다. 고정 출연진 가운데는 대통령 역할을 담당하는 코미디언이 한 명씩은 꼭 있었다. 대통령은 대부분의 경우 바보 같은 캐릭터로 풍자되기가 일쑤였다. 기억에 남아 있는 인생의 전부를 군사정권하에서 지낸 나로서는 확 깨는 프로그램이었다.

사람에 대한 풍자뿐 아니었다. 소재에도 금기가 없었다. 낯모르는 남녀들이 짝을 맺는 한 디스코텍에서 여자들에게 관심을 끌지 못하던 어떤 남자가 친구의 조언을 받는다. 그가 친구의 조언대로 화장실에 들어가 바지의 특정 부위에 신문지를 마구 구겨 넣어 거의 산만하게 불린 뒤 지퍼를 닫고 나가자 여자들이 구름같이 몰려든다는 식의 에피소드가 방영되곤 했다. 아메리칸 파이 식의 유머를 많이 접할 수 있는 지금으로서는 새로운 것이 아니지만 80년대 억눌려 있던 사회분위기에서 이런 식으로 웃기는 코미디를 한국에서는 접할 수가 없었다. 출연진도 매우 재능 있는 사람들이었다. 많은 유능한 코미디언들이 이 프로그램을 거쳐 스타가 됐다. 사실 우리가 보는 코믹터치의 미국 영화에 나오는 대부분 주연배우들이 Saturday Night Live 출신이라고 생각하면 크게 틀리지 않는다.

정치관련 프로그램은 뒤늦게 보기 시작했지만 나의 TV 보기에서 뺄 수 없는 부분이다. 미국 유학을 마치고 돌아올 무렵, 1988년은 미국에서 대통령 선거운동이 한창이던 때였다. 아버지 부시가 현직 부통령으로서 공화당의 후보로 나섰고 민주당에서는 매사추세츠주 주지사 출신인 마이클 듀카키스가 후보로 나섰다. 듀카키스가 후보 수락연설을 하는 민주당 전당대회를 시험공부 와중에 두 시간 넘게 시청한 적이 있었는데, 정치관련 프로그램도 재미 들릴 만하다는 것을 그때 알았다. 듀카키스는 가난한 그리스 이민자의 아들인 자신이 미국의 대통령후보로 나서게 된 인생역정을 얘기했었는데, 들을 만했다는 기억이다. 듀카키스뿐 아니라 다른 민주당 정치인들이 나와서 하는 연설이 대부분 재미있었다.

> 사실 우리 정치에서 가장 부족한 것 중의 하나가 정치인들의 연설이라고 생각한다. 연설을 잘하면 국민을 감동시킬 수 있다. 또 자기가 한 말에 책임지는 정치풍토에도 기여할 수 있다. 자신의 연설로 국민을 감동시키고 설득하기보다 보좌진이나 같은 당 의원들을 동원해 막말로 이전투구를 벌일 것이 아니라는 말이다.

정치 프로그램 보기는 특파원이 되면서 직업상 이유로 자연스럽게 이어졌다. 특히 CNN, FOX News, MSNBC 같은 24시간 뉴스 채널이 들어서면서 정치에 대한 얘기는 언제든지 볼 수 있게 된 것이 예전과 달랐다. 온갖 정치분석가들이 나와 정치현상을 샅샅이 분석하고 의견을 제시한다. 풋볼게임이 끝나고 나서 해설자들이 나와 각 팀의 전략과 잘한 점, 잘못한 점을 분석하는 것과 크게 다르지 않다. 재미있는 것은 이런 정치 프로그램들과 스포츠 프로그램과의 유사점이다. 실제로 대통령의 측근이었던 정치인들은 현역에서 은퇴하고 나면 운동선수가 그렇듯이 방송사의 정치담당 해설위원으로 스카우트된다. 마이애미 돌핀스의 전설적인 쿼터백 댄 마리노가 은퇴한 뒤 CBS에서 미식축구 해설을 하듯, 빌 클린턴 대통령의 선거전략가였던 제임스 카빌은 그 자리를 그만 둔 뒤 CNN에서 정치분석가를 하고 있는 것이다. 이러다 보니 정치관련 프로그램을 진행하거나 이런 프로그램에 나오는 CNN의 울프 블리처 같은 기자와 분석가들이 스타가 돼 TONIGHT SHOW 같은 데 초청되는 세상이 됐다. 진보와 보수 진영으로 나누어 논쟁을 하는 프로그램도 인기다. 특히 진행자들의 경우 중립적 인물이 해야 한다는 불문율이 깨졌다. 공화당 하원의원 출신 Scarborough Country, MSNBC 이나 민주당 하원의장의 보좌관 출신 Hardball, MSNBC 등이 시사프로그램을 진행한다. 한 걸음 더 나아가 정치인이 기자가 되기도 한다. 클린턴 대통령의 백악관 공보국장이었던 조지 스테파노플러스의 경우는 ABC방송의 워싱턴 지국장이 돼서 정치관계 리포트를 한다. 그는 일요일 아침에는 작고한 원로 언론인 데

이비드 브링클리가 하던 정치대담 프로그램인 THIS WEEK를 진행한다. 브링클리 할아버지가 더 권위 있고 신뢰성이 갔었지만 스테파노플러스도 민주당 출신이 줄 수 있는 선입견 대신 언론인이란 이미지를 주는 데 성공하고 있는 듯하다.

현대정치는 여론전이라고 해도 과언은 아니다. 여론싸움에서 이기는 당이 국민의 지지를 얻고 정권을 잡는 것이다. 따라서 자기 당의 지도자가 TV와 신문 등에 어떻게 비쳐지는가에 총력전을 기울인다. 'spin doctor'라고 부르는 여론 기술자들까지 등장한다. 훌륭한 spin doctor 없이 정권을 잡길 기대하기란 어려운 상황이 됐다. 정치관련 프로그램들에서는 치열한 spin doctoring이 벌어지는데 이런 관전 포인트를 갖고 시청하면 정치를 이해하는 재미가 있다. 이런 정치뉴스와 프로그램에 중독된 사람들을 가리켜 'political junkie'라고 한단다.

이 책은 AFKN으로 상징되는 미국의 대중문화를 통한 미국에 대한 관찰이다. 사회학자도 인류학자도 아닌 나로서, 20년이 넘었다고는 하지만 단편적이고 흥미위주인 경험을 바탕으로 미국이란 나라를 명쾌하게 규정할 야심도, 능력도 없음을 미리 고백한다. 어마어마한 크기의 다인종국가인 미국을 그렇게 규정할 수 있는지에 대해 근본적인 의문을 갖고 있는 것도 사실이다. 이 책이 독자들에게 가볍고 지루하지 않은 소일거리가 되고 미국이란 나라에서는 이런 일도 일어나고 있다는 걸 아는 데 도움이 된다면 그것으로 대만족일 것이다. 책의 제목에서 보듯, 미국이란 거대한 모자이크의 일부라도 제시하는 것이 이 책의 목표이며 모자이크의 나머지 부분은 나의 능력 밖이라는 걸 미리 면피용으로 밝혀두는 바이다.

미국 대중문화 입문

흔히 TV는 바보상자라는 말을 많이 한다. 사실 이 말에 반대하는 의견을 가진 사람을 만나보기란 쉽지가 않다. 방송이나 신문 같은 공적인 장을 통해 의견 내는 사람 치고 어렸을 때 TV를 많이 본 사람이 없어서인지… TV는 바보상자라는 등식이 대부분 주장된다. 최근에는 TV를 아주 집에서 없앴다는 사람들도 가끔 보게 된다. 아이들 공부에 도움이 되지 않는다는 것이다. 이런 의견을 접할 때 떠오르는 것은 오로지 공부만 하고 자란 우리나라의 '수재'들에 대한 걱정이다. TV를 보고 안 보고를 떠나서 말이다. 생각과 느낌의 다양성을 획득할 수 있는 샛길로 빠져보지 못한 사람들의 사고구조는 효율적이지만 지루한 고속도로 같은 것이 아닐까?

코스비 쇼

어쨌건 다시 TV 이야기로 돌아와, TV를 많이 본 사람으로서, 자신을 바보라고는 생각하지 않는 사람으로서, 또 TV와 대중문화를 통한 관찰을 주제로 하는 책을 쓰는 사람으로서 반론을 하고 넘어가야 할 필요를 느끼는 부분이 있다. 결론적으로, 나는 TV가 바보상자라는 말에 동의할 수 없다. 특히 요즘은 역사다큐에서 쇼까지 선택의 폭이 넓어져 자신의 취향대로 TV를 볼 수 있고, 이른바 '교양' 프로그램을 하루종일 트는 채널도 등장했다. 질이 나쁘건 좋건 간에 사람들이 많이 본 프로그램에서는 배울 게 있다. 이 프로그램이 뭘 말하려 하는 거야 하는 생각이 들 정도로 못 만든 프로그램이더라도 그 프로그램을 많은 사람들이 좋아했다면, 왜 성공했는가를 분석하는 걸로 세상공부가 될 수 있다는 말이다. TV가 시청자의 감성에 호소하는 매체라는 점에서 사람들은 어떤 자극에 반응하는가, 어떤 내용을 담아야 공감을 얻는가를 배울 수가 있다는 것이다. 따라서 진지한 TV 보기는 TV의 배경이 되는 사회와 그 사회에 속한 사람들을 이해하는 흥미로운 여정이 될 수 있다. 예를 들어보자.

1980년대에 미국 위스콘신주의 매디슨이라는 조그만 도시에서 대학원을 다녔다. 당시 미국에서 가장 시청률이 높았던 프로그램은 단연 흑인 코미디언인 빌 코스비가 주연을 맡은 코스비 쇼였다. 코스비는 의사로, 극중 아내는 변호사로 나왔고 슬하에는 착하고 잘생긴 아들딸들이 있었다. 이 시트콤의 특징은 가족들끼리 서로에게 소리 한 번 지르는 일 없이 사랑과 유머로 생활한다는 것이었다. 이들이 건전하게 살아가는 모습에 미국 시청자들은 흑인과 백인을 막론하고 매료돼 있었다. 흑인들이 주인공인 드라마로서 시청률 1위를 차지한 것은 아마도 이 시트콤이 처음이 아닌가 싶다. 미국이 아니더라도 어느 나라 사람이건 이 드라마가 얼마나 비현실적인가는 쉽게 알 수가 있었다. 이렇게 서로에게 친절하고 예의바른 가족이 도대체 어디 있다는 말인가? 또 당시만 해도 그리 많지 않았던 흑인 전문직 종사자가 주인공인 것도 그랬다. 이들은 상당히 특수한 상황에 있던 가족으로 현실적인 존재감을 느끼기 힘들었다. 시트콤의 전체적 분위기가 대부분 밝고 큰 걱정이 없는 것도 사실적이지는 않았다. 당시 미국이란 나라는 지금과 마찬가지로 이혼 등 가족간의 단절문제가 심각했고, 범죄문제는 지금보다도 오히려 심각했다. 특히

나도 플로리다로 여행 갔다가 밤거리에서 마약 거래하는 현장을 목격한 적이 있다. 미국 최남단 키웨스트의 한 주차장으로 밤길에 들어서다가 차 안에서 돈과 뭔가를 주고받는 것을 보고 그 사람들과 눈을 마주칠까, 황급히 자리를 떠야 했었다.

마약문제가 심각했다. 코카인 판매상들이 거리를 활보했다. 레이건 대통령의 부인인 낸시 여사는 텔레비전에 나와 "Just say 'no'"라고 미국 청소년들에게 호소했고, 알 파치노가 나오는 마약판매상을 다룬 영화, Scarface는 마약이 난무하던 80년대를 배경으로 만들어진 것이었다. 한국에서 개봉된 이 영화를 봤었는데, 영어의 F word가 엄청나게 많이 나와 대본 글자수 채우기, 참 쉬웠겠다는 생각을 했었다. TV에서도 가장 인기 있는 드라마 시리즈는 최근에 다시 영화화된 Miami Vice였는데, 여기에 나오는 두 형사의 주요 임무는 물론 마약이 들끓는 마이애미에서 마약상들을 소탕하는 것이었다. 경제상황도 좋지 않았다. 경제가 일본에 추월당해 2등으로 처진 데 대한 자탄이 끊이지 않고 있었다. 일본 자동차회사가 미국공장을 사들이는 걸 소재로 하는 영화 Gung Ho, 1986 가 등장할 정도였다.

이런 상황에서 가족들이 마냥 행복하기만 한 코스비 쇼가 줄기차게 1등이라는 게 현실과는 동떨어졌다는 생각을 할 수밖에 없었다. 그렇다고 이 시트콤의 작가들은 연속극이 비현실적인 데 대한 어떤 창의적인 변명도 시도하지 않았다. 한마디로 작품성이 높은 드라마라고 보기는 힘

미국에 최근 다시 가서 보니 '코스비 쇼'는 당시 엄청났던 인기에도 불구하고 각종 케이블 채널을 통해 방영되는 재방송 시장에서는 당시 인기에 비례하는 인기를 누리지는 못하고 있었다. 오히려 'Cheers'처럼 하나같이 가정생활에서 실패한 등장인물들이 가정에 정 붙이지 못하고 단골 술집에 죽치고 앉아 인간관계를 맺어 나가는, 보다 현실적인 시트콤이 더 인기를 누리고 있었다.

들다는 게 시청자로서 느낌이었다.

그렇다면 이 비현실적인 가정 시트콤이 왜 그토록 인기가 있었던 것일까? 미국사람들은 이 모든 골치 아픈 현실에서 그나마 늘 행복하기만 한 흑인 전문직 종사자의 가정을 보면서 안식을 얻었던 것은 아닐까? 실제로 교육학 박사인 코스비는 여기 나오는 가족상이 현실적이지는 않지만 어두운 현실 속에서, 이렇게 살 수도 있다는 하나의 role model을 제시하고 싶었을 것이다. 당시 코스비 쇼에 이어 2등을 한 시트콤은 패밀리 타이스 Family Ties 였다. 이 시트콤 역시 코스비 쇼보다는 덜하지만 '그저 행복한' 가정에 대한 연속극이었다. 나라사정도 그런데 연속극까지 지지고 볶기를 시청자들은 바라지 않았는지도 모른다. 요즘 미국의 홈 시트콤들이 괴팍스런 부모와 자식 간의 끝없는 충돌을 그리는 걸 보면 역설적으로 미국사회가 80년대에 비해 자신감을 찾은 것이 아닌가 하는 생각이 든다.

여기서 패밀리 타이스가 코스비 쇼와 다른 게 있다면 이 프로그램에는 미국사회의 정치적 배경이 절묘하게 스며들어 있다는 것이다. 주인공인 아들 앨릭스는 청년 공화당원으로 레이건 대통령의 열렬한 신봉자로 나온

'패밀리 타이스' 역시 NBC에서 방송했는데, '백 투 더 퓨처'의 마이클 제이 폭스가 청년 공화당원을 연기했다. 폭스는 토크쇼 같은 데 나와서 '코스비 쇼'가 1등인 것을 빗대, 자신의 극중 가족이 미국에서 가장 인기있는 '백인'(Caucasian)가정이라고 농담으로 말했던 기억이 난다.

다. 반면 그의 부모는 1960, 70년대의 히피생활을 한 진보주의자로 자신들의 아들이 보수주의자라는 사실에 늘 어이없어 하는 설정이다. 1980년대 당시 미국은 월남전과 경제위기의 패배의식에서 벗어나 다시 '위대한 미국'을 살리자는 보수주의가 탄력을 받고 있었다. 레이건이 주장하는 공급경제학 레이거노믹스가 관심을 끌고 있었다. 이 시트콤은 뜨고 있는 보수주의를 신봉하는 아들과 '去'하고 있는 히피 진보주의를 대표하는 부모세대의 갈등이라는 시대상황을 코믹하게 녹이고 있는 것이었다. 코스비 쇼가 시대상과 현실을 무시해 오히려 인기를 끌었다면, 패밀리 타이스는 변하고 있는 시대상황을 재빨리 받아들이고 녹여내 공감을 얻었을 법하다.

나의 논점은, TV는 그 사회를 들여다볼 수 있는 내시경 역할을 할 수 있다는 것이다. 목에 힘주는 논객들의 글보다 당시 대중들에게는 무엇이 고민이고 어떤 바람을 갖고 있었는가를 정확하게 알 수 있는 틀이 된다는 것이다. 그런 걸 정확히 짚어내는 프로그램이 성공할 수 있기 때문이다. TV로 대표되는 대중문화는 방대한 경험을 제시하고 동시에 분석의 틀도 제공한다. 그것이 디스커버리나 히스토리 채널 같은 '교양' 프로그램일 필요도 없다. 단지 입을 헤벌리고 있지만 말고 가끔 생각과 분석을 하면서 본다면 바보상자가 아닐 수 있다는 것이다.

너무나 다른 나라, 미국

처음 AFKN을 보면서 느끼게 됐던 건 일단 미국이 우리와는 너무나 다른 나라라는 것이었다. 솔직히 말하면 여기 나오는 프로그램들에 비친 미국은 우리를 훨씬 앞서가는 나라였다. 우리나라에서는 상상도 할 수 없던 것, 이른바 세계 수준의 것들을 이런 프로그램들에서는 볼 수 있었다. 당시에는 피카소 같은 세계적인 예술가의 작품이나 유명한 클래식 연주자가 한국에 오면 신문들은 1면으로 이 '사건'을 다뤘고 한동안 정말 큰 화젯거리가 됐다. 그림을 별로 좋아하지 않는 사람들도 피카소 작품이 왔다며 미술관으로 가서 머리를 고문?하는 것이 당연히 해야 할 일인 것으로 알았다. 문화수준이 지금과는 비교가 되지 않을 정도로 낙후됐었고, 사람들은 '세계적'인 것에 목

말라 있었던 것이다. 그나마 이런 '세계적'인 것을 접할 수 있는 사람들은 소수에 불과했다.

그런 상황에서 내가 루치아노 파바로티라는 정말로 노래를 잘하는 테너가 있다는 걸 안 것은 AFKN을 통해 본 한 시상식 아카데미상으로 기억한다 에 그가 게스트로 나와 '돌아오라 소렌토로'를 부르는 것을 보고였다. 엄청나게 뚱뚱해지기 전의 파바로티가 손에 손수건을 들고 나와 불렀던 것 같은데, 그의 목소리는 그야말로 트럼펫처럼 힘차 공연장을 꽉 채웠고 노래가 끝나자 관중들이 미친 듯 기립박수를 보냈다.

군사정권 시절, 표현의 자유에 대한 관용을 안 것은 어느 해던가 소울의 천재 마빈 게이가 프로농구 올스타전 식전 행사에서 미국 국가를 소울로 완전히 바꿔 부르는 것을 보면서였다. 당시 나로선 노래 정말로 잘 부르는구나, 감탄을 하면서도 '아니, 그래도 그렇지 국가를 저렇게 심하게 바꿔 불러도 되는가' 하며 놀라워했던 것이다. '근엄한' 한국적 사고로는 상상이 잘 되지 않던 일이었다. 지금도 기억나는 것은 당시 우리나라 원로 코미디언이 다른 사람도 아니고 코미디언이! 요즘 젊은 가수들이 선배들의 노래를 부를 때 나름대로 마구 다르게 해석해서 부른다며 준엄하게 '젊은 것'들을 꾸짖던 일이다.

프로농구 LA 레이커스의 전설적인 포인트가드 매직 존슨의 경기를 보고는 오빠부대들이 열광하는 한국농구가 도저히 흑인들이 하는 농구를 이길 수 없다는 걸 깨달았다. 그것은 단지 기술이나 체력뿐이 아니었다. 위기상황에 저렇게 침착한, 이른바 clutch player의 태도는 사는 데도 참고할 만하다는 생각을 하기도 했다. 한국 축구선수들이 이런 '침착하고 차가운 근성'을 반만 닮아도 고질적인 문전처리 미숙이라는 국가적 문제가 해결될 텐데 … . 그렇다고 철이 없던 그 시절에도 그런 감정이 부러운 것을 넘어서 미국을 좋아한 것으로 가는 건 자존심과 나의 현실감각이 허락하지 않았던 것 같다. 어쨌건 당시 우리의 현실도 그렇고 내 나이도 그렇고 미국문화를 비판적으로 보게 되는 데는 상당한 시간이 걸렸음을 고백하지 않을 수 없다.

한 번은 TV를 보다가 황당한 경험을 하게 됐는데 … 레이건이 대통령이던 시절이다. 대통령이 주최한 크리스마스 파티로 기억하는데 지금은 작고한 '천재' 레이 찰스가 초청을 받았다. 레이건은 파티의 마지막에 'America, the Beautiful'을 부를 사람으로 레이 찰스보다 더 적합한 사람은 없다며 그를 소개했다. 흑인이 공화당 행사에 나온다는 게 이상하게 생각돼 별일이 다 있네 하면서 그 노래를 듣던 중 나는 갑자기 소름이 돋는 걸 느꼈다. 이름 대신 그저 '천재' The Genius 라고도 통하는 찰스가 흑인특유의 소울로 노래를 하는데, 이 사람이 너무 노래를 잘한 나머지 남의 나라를 찬양한 곡을 들으면서 나도 모르게 감동을 느끼고는 당황됐던 것이다. 그러고는 생각하기를 … 왜 우리나라에는 국가를 찬양하는 노래 중에 국민들에게 소름 돋는 감동을 줄 수 있는 곡이 없나, "애국가는 좀 슬픈 것 같아" 하고 안타까워하는 식의 경험이 대부분이었던 것이다. 나중에 안 일이지만 레이 찰스의 '아메리카, 더

레이 찰스

뷰티풀'은 미국인 사이에서는 유명한 노래이다. 워싱턴 특파원 시절인 2004년에 찰스가 작고했을 때 그의 작고소식을 전하던 뉴스전문 방송, MSNBC의 한 앵커는 찰스의 '아메리카 더 뷰티풀'을 들을 때면 소름goose bump을 느꼈다고 그를 회상했다.

찰스가 작고하고 얼마 있지 않다가 부시가 재선에 성공했는데 백악관 앞에서 축하연이 열렸다. 그런데 찰스가 죽고 나니 이 노래를 부를 사람을 구하기가 쉽지 않았던 모양이다. 이라크 침공으로 인기가 떨어져 간신히 재선에 성공한 부시의 재선파티에 찰스가 살아 있었다 해도 출연해 줬을 것 같지는 않지만…. 어쨌거나 누가 부르든 찰스와 비교될게 뻔했다. 결국 생각해 낸 것이 대형 모니터에 생전의 찰스가 노래를 부르는 비디오를 틀고 그 옆에서 합창대원들이 코러스를 하는 방법이었다. 물론 레이건 행정부 당시 미국을 사랑하는 방법을 다시 배우자는 사회분위기 속에서 많은 미국인들에게 애국적인 영감을 줬을 이 광경 뒤에는, 흑인에게 인기가 없었던 공화당이 찰스를 가수로 초대해 치켜세워 줌으로써 반사이익을 얻으려는 계산이 숨어 있었을 것이다. 찰스로서도 미국 대통령의 파티에서 미국국가나 다름없는 노래를 마지막에 부름으로써 흑인에 대한 미국 내 이미지를 높였으면 하는 바람이 있었을지 모른다. 하지만 그때 찰스의 노래를 들으면서는 이런저런 분석이 떠오르진 않았고 다만 미국에 정말 노래 잘하는 사람이 있고 어떻게 자신의 나라에 바치는 노래 가운데 저렇게 좋은 노래가 있을까 하는 감탄이 있었을 뿐이다.

이런 이야기를 글의 흐름을 끊어가며 장황하게 하는 건 내가 쓸데없는 잡식을 주체하지 못해서이기도 하지만 대중문화를 통한 한 나라에 대한 관찰이 어떻게 시작됐는가를 얘기하기 위해서이다. 또 머리말에서 얘기했듯 미국에서는 이런 일도 있다는 걸 전하고 독자들이 모자이크의 한 부분을 맞추는 데 도움을 줄까 해서이다. 혹시 아는가? 미국사람을 만나 레이 찰스의 얘기를 하다, "찰스의 '아메리카 더 뷰티풀'은 정말 대단해요"라고 말할 기회가 있을지….

사실 미국에서 살아본 사람들이면 느끼는 것이지만 미국인과 친해지기

워싱턴에서 특파원으로 근무하던 시절, 아들아이가 소속돼 있던 축구클럽이 한 시즌을 마치고 쫑파티를 할 때였다. 자연스럽게 아이들의 부모와 레스토랑에 앉게 됐었는데, 사실 이런 사교적 자리에 참석한다는 게 한국인 부모들에게는 참으로 고역스런 일이다. 할 얘기도 없이 꿔다 놓은 보릿자루처럼 앉아 있다 오기가 일쑤이기 때문이다. 그렇다고 아이들이 있는데 마냥 참석하지 않을 수도 없고…. 나 역시 원래 누구와 얘기를 많이 하는 성격도 아니어서 걱정하며 그 자리에 갔다. 그런데 어색함을 못 이겨 얘기를 만들어내다 영화 얘기가 나왔다. 어릴 적 가락으로 '핑크 팬더'의 피터 셀러즈를 얘기하면서 그는 정말 천재였다고 아는 척을 했을 때, 나와 얘기를 하던 그 미국인 부부의 얼굴에서 나는 분명히 조그만 경이감을 읽었다. 그 후로 분위기가 훨씬 덜 서먹해진 것은 물론이다.

힘든 것이 영어 때문만은 아니다. 대화할 거리가 없다는 것이 더 큰 걸림돌이다. 부부간에 대화가 없다는 말을 가끔 듣는데, 그것은 사용하는 언어가 달라서는 아니다. 말할 거리가 없기 때문이다. 미국의 스포츠나 영화, 문화에 대해 조금 안다면 영어가 달리더라도 미국인과 대화가 그리 어려운 것이 아니다. 조각 영어의 위력을 무시하지 말라! 반대로 영어를 아무리 잘해도 미국사람이 무엇에 관심을 갖고 있는지를 모르면 대화를 이어가기가 무척 힘들 것이다.

어쨌건 다시 돌아와서 … 레이 찰스의 '아메리카 더 뷰티풀'의 찜찜한 경험에도 불구하고 나의 미국 TV와 대중문화에 대한 관심은 계속됐는데, 그 중에서도 가장 우리나라와 차이를 느끼게 하는 것 중의 하나는 아카데미나 그래미 같은 각종 시상식 쇼였다. 일단 우리나라에서는 어색하기만 한 시상식이 상당히 재미있다는 것이 달랐다. 사회자는 대부분 당시 가장 잘 나가는 코미디언들이 혼자 나와 진행했다. 우리의 경우 꼭 남녀 두 명이 나오는 게 정석인데 그것부터 달랐다. 언제부턴가 무슨 이유에서인지 우리나라의 거의 모든 프로그램은 남자와 여자 두 명이 나와서 진행해야 하는 것으로 굳어졌다. 어쨌거나 이들 시상식은 진행자가 재치 있어서 지루해질 수 있는 분위기를 잘 이끌어갔다. 무엇보다 흥미있는 건 상을 타러 나오는 사람들에 대한 관중들의 태도였다. 가수 프린스가 잘 나가던 시절이었는데, 프린스가 시상식에 나와 공연을 하고 상을 받자 관객들은 모두 기립박수로 그를 맞았다. 그가 단순히 인기가 있어서가 아니라 그의 음악성에 대한 존경의 표시였다. 지금도 마찬가지지만 이순신 장군과 김구 선생 빼고는 대통령을 포함해 역사상 거의 모든 지도층이 좋은 소리 듣지 못하는 우리나라 분위기에서 자란 나로선 누군가가 기립박수를 받는다는 게 상당히 신기했던 것이다.

왜 이렇게 다른가는 독자의 분석의 몫으로 남기고 나중에 조금 언급하겠다. 미국인들이 이렇게 행동하는 이유보다는 미국인이 우리와는 다르게 행동한다는 사실 자체를 아는 게 중요한지도 모른다. 이런 '사실'들이 모자이크의 부분을 이루고 미국에 대한 나름대로의 인식을 형성할 수도 있다. 우리는 우리와는 다른 나라, 미국을 알 필요가 있다. 싫건 좋건 미국은 여전히 세계에서 가장 센 나라이다. 무슨 사안이 있을 때마다 미국의 행동을 우리 식으로 이해하는 것은 감정적인 소모일 뿐이다. 미국을 정확히 이해한 뒤에야 그들이 어떤 대응에 약하다는 것도 알 수 있고 그에 따른 우리의 논리를 개발해 주장할 수도 있다. 물론 이 거대한 나라를 이해한다는 게 쉽지는 않은 일이다. 너무 얘기가 무거워지기 전에 빨리 다음 장으로….

아! 자본주의

> 제 말의 요점은 이렇습니다. 탐욕은, 달리 더 적합한 표현이 없습니다만, '좋은 것'입니다. 좋은 것은 옳은 것이죠. 탐욕은 일을 해냅니다. 탐욕은 진화론의 정신을 명확히 규정하고 관통하며 정의합니다. 그것이 인생을 향한 것이건, 돈이나 사랑, 지식을 위한 것이건 탐욕은 인류의 진보를 의미하며 탐욕은, 밑줄 그으세요, 델타 제지와 미국이란 제조업체를 구할 것입니다. Wall Street, 1987

미국에 대한 본론을 자본주의에 관한 일화로 시작하지 않는다면 식당을 얘기하면서 음식을 빼놓는 것이나 마찬가지일 것이다. 또 미국의 자본주의를 얘기하면서 영화 월 스트리트Wall Street에서 마이클 더글러스가 한 이 유

월 스트리트의 한 장면

명한 대사를 빼놓을 수는 없을 것이다. 사실 상당히 유명한 대사라서 혼자 아는 것처럼 여기서 소개하는 것이 멋쩍기도 하다. 올리버 스톤 감독이 만든 이 영화에서 금융가의 거물 고든 게코로 나온 더글러스는 이렇게 델타 제지의 주주들에게 선언한다. 미국을 움직이는 원동력은 돈을 향한 욕심이다! 더글러스는 이 역할로 아카데미 남우주연상을 받았는데 그건 이 대사 때문이라고 해도 과언이 아니다. 그만큼, "탐욕은 좋은 것입니다" 하는 이 대사는 미국사람들의 뇌리에 강력한 인상을 남겼다. 아마 마이클 더글러스가 언젠가 사망한다면 더글러스를 추모하는 연예 프로그램들은 이 장면을 반복적으로 보여줄 것이다. 영화 월 스트리트보다 게코와 이 대사가 더 유명해진 건 이 대사야말로 미국의 자본주의를 상징하는 것이라고 생각하는 사람들이 많기 때문일 것이다.

올리버 스톤 감독은 게코를 통해 타락한 미국식 자본주의를 나타내고 싶었는지 모르지만 게코는 거꾸로 미국을 상징하는 영웅적 존재가 되고 말았다. 카리스마 있고 잘 생기고 성공한 게코에게 도덕적 미덕이 없다는 것은 크게 단점으로 보이지 않았을 것이다. "탐욕, 돈에 대한 추구는 부끄러워할 것이 아니다. 본받아야 할 것이고 이것이야말로 우리 자신을 규정하는 하나의 정신인 것이다." 게코는 미국인들에게 설교했고 많은 미국인들은 여기에 동감했다.

제리 맥과이어의 한 장면

이것과 관련해 연상적으로 떠오른 것은 쿠바 구딩 주니어가 영화 제리 맥과이어 1996 에서 한 대사이다. "Show me the money!" 미식축구 와이드 리시버인 구딩이 에이젠트 역으로 나온 톰 크루즈에게 자신에게 돈이 되는 장기계약을 따올 것을 요구하며 외치는 말이다. 여러 말 필요 없고 결과를, 즉 돈을 가져오면 된다는 걸 광고카피처럼 집약한 이 대사는 곧바로 미국사람들이 일상생활에서 흔히 쓰는 말이 됐다. 이 대사로 구딩 주니어가 유색인종에게 난공불락이었던 아카데미상을 받은 것은 물론이다. 때로는 작가가 그 역할에 준 대사와 캐릭터만으로도, 그 역을 맡은 배우가 크게 연기를 못하지 않는 한 상을 받을 수밖에 없는 경우가 있는데, 마이클 더글러스와 쿠바 구딩 주니어는 바로 이런 경우가 아닌가 싶다. 미국사람들 심리의 저변을 이렇게 시원하게 훑어 준 대사를 외치면서 강렬한 인상을 남긴 배우가 아카데미상을 받지 못한다는 건 있을 수 없는 일이었을 것이다.

앞서, 미국은 거대한 모자이크이고 그 거대한 나라를 한마디로 규정한다는 것은 옳지 않은 일이라고 밝힌 적이 있다. 하지만 꼭 한마디를 해야만 한다면, 그건 "미국은 자본주의다"일 것이다. 적자가 생존하는 사회, 그리고 그 적자가 돈을 더 많이 받아야 하는 시스템은 미국을 지탱하는 기초이다. 그런 시스템에 대한 믿음, 즉 '탐욕'을 갖고 사람들은 적자가 되기 위한 노력을 기울일 것이고, 이런 노력은 결과 'Show me the money!'를 가져오기 때문에 미국은 더 풍요로워질 수 있다는 것이다.

재미있는 건 미국사람들이 이런 극단적 자본주의적 시스템을 전통적인 가치관과 양립시키는 과정이다. 올리버 스톤 감독이 80년대에 만든 영화에서 게코를 부정적인 인물로 묘사하려고 했다면 10여 년 뒤 만들어진 제리 맥과이어는 돈에 대한 추구를 훨씬 더 긍정적이고 인간적인 측면에서 바라본다. "Show me the money!"를 외치는 구딩 주니어는 게코와는 달리 가족을 사랑하는 가장이고 에이전트와 인간적인 관계를 맺는 매력적인 인물이다. 지나친 상업주의를 비판하면서 회사를 박차고 나온 제리 맥과이어는 결국은 사랑도 얻고 큰돈이 되는 계약을 성사시켜 상업적인 성공도 거둔다. 이런 인간적인 사람이 되는 것과 돈을 버는 것이 꼭 배치되지는 않는다는 것, 자본주의를 하면서 인간적으로 사는 것이 양립할 수 있다는 생각이 깔려 있는 것이다.

자본주의적 사고는 이런 식으로 미국사람들의 가치관에 녹아들어 있다. 역시 최근에 만들어진 다른 영화의 예를 보자. 이 영화의 주인공은 대를 이어 조그만 가게를 운영하고 있다. 그런데 바로 이웃에 거대한 자본을 내세운 대형 마트가 들어서면서 가게를 닫고 가게 주인은 절망에 빠져든다. 그렇다면 이 영화의 주제는? 신자유주의 질서가 가져온 인간성의 파괴? 아니다. 조금 더 영화 줄거리를 살펴보자. 이 조그만 가게의 주인은 나중에 자신의 가게를 망하게 한 대형 마트의 주인과 사랑에 빠지고, 다른 직업을 선택해 오히려 자신의 소질을 살리는 계기를 맞으면서, 해피엔딩으로 영화는 끝난다. 톰 행크스와 메그 라이언이 주연한 유브 갓 메일You've got mail이 그 영화이다.

유브 갓 메일의 한 장면

이 영화만큼 경제학에서 얘기하는 비교우위와 구조조정 과정을 로맨틱 코미디라는 틀 속에 절묘하게 녹인 영화는 없을 것이다. 미국사람의 사고에서, 경쟁력을 잃은 가게의 주인은 빨리 다른 경쟁력 있는 직업을 찾아 산업의 구조조정 과정에 동참해야 한다. 자신이 비교우위가 있는 직업을 찾아야 하는 것이다. 라이언은 결국 자신의 비교우위 분야인 작가의 길로 들어선다.

심지어 라이언의 가게에서 아동서적에 대해 가장 많이 알던 점원은 행크스의 서점에 취직해 자신의 전문지식을 훌륭하게 살리면서 산업의 구조조정 과정에 훌륭하게 적응한다. 전문지식만 있으면 산업이 구조조정을 겪더라도 괜찮다는 것이다. 라이언의 가게가 문을 닫는 사건은 오래 근무한 다른 여직원에게는 젊었을 때 투자해 둔 주식으로 여생을 편안하게 지내게 될 기회를 제공하기도 한다.

영화의 한 장면에서 라이언은 인간적인 면이라고는 없는 책 슈퍼마켓에 불과하다고 여겼던 행크스의 서점에 들렀다가 많은 고객들이 안락한 분위기에서 독서를 즐기고 있는 것을 보고 충격을 받는다. 거대자본이라고 해서 비인간적인 것은 아니라는 것이다. 그리고 자신의 가게를 무용화시킨 그 거대자본을 미워하는 것은 사회의 안정성을 해치는 행위이다. 그를 미워해서는 안 된다. 아니 나아가서 사랑하면 더 좋을 것이다. 한국의 경우에도 경제가 이렇게 가야 한다고 많은 사람들이 생각한다. 하지만 한국에서는 경제관료와 학자들이 이런 말을 하고 있는 반면, 미국에서는 대중이 영화에서조차 이런 경제적 당위성이 실현되는 걸 원한다는 것이다. 그만큼 자본주의는 이들의 사고에 생활에 녹아들어 있는 것이다.

달라진 미국

월 스트리트와 제리 맥과이어가 암시하듯 80년대와 90년대의 미국은 다른 나라이다. 미국이 항상 이렇듯 극단적 자본주의적 사고를 가졌던 건 아닌 것 같다.

여기서 다시 TV 보기로 돌아가 보자. 1986년부터 2년간의 위스콘신 주립대 MBA 유학생활은 내게 새로운 TV 보기의 경험을 줬다. 기껏해야 미국 군 당국이 주한미군을 위해 선별한 프로그램을 보던 것에서 벗어나 본토에서 다양한 프로그램을 볼 수 있었던 것이다. 당시는 아마도 미국의 케이블업계가 막 정착을 시작하던 때였던 것 같은데, TV만 켜면 마돈나가 나오는 MTV와 하루종일 스포츠만 보여주는 ESPN을 언제든지 볼 수 있었다. 물론 지금에 비하면 프로그램의 질이 빈약하기 그지없었다. ESPN의 경우 걸핏하면 낚시꾼들이 배에 앉아서 잡담하는 걸 스포츠라고 틀어줬고, 프로농구 판권을 사지 못해선지 언젠가는 미국 대학팀이 한국을 방문해 한국 농구 국가대표팀과 경기하는 걸 보여준 적도 있었다. 당시 미국 해설자가 이충희 선수를 보면서 자기가 본 슈터 가운데 미국선수까지 통틀어 최고라고 극찬을 하는 걸 들었던 기억이 난다.

여하튼 미국의 자본주의적 사고방식의 변천과 관련해 떠오른 건 유학시절의 한 기억이다. MTV를 보고 있을 때였는데, 어떤 뮤직 비디오에 이름 모를 가수가 나오더니 매우 성난 표정으로 노래를 부르는 것이었다. 내용을 들어보니 그건 요즘 팝송들이 너무 광고에 많이 사용되는 걸 비판하는 것이었다. 예술가로서 어떻게 자신의 노래를 상업적으로 사용하도록 팔아먹느냐는 내용 같았다. 그러면서 이 노래는 상업적으로 사용되지 않는다는 가사로 비디오를 맺는 것이었다. 그러고 보니 당시 광고에는 정말, 유명한 팝송이 사용되는 경우가 많은 것 같았다. 자니 마티스가 불러서 유명해진 "I can see clearly now, the rain is gone …" 하는 노래가 유리창을 닦는 세제광고에서 등대의 유리창을 닦는 장면에 사용되는 식이었다. 하지만 내게 다소 놀라웠던 건 뭐 대중가수가 그런 걸 갖고 화를 내느냐는 것이었다. 그때만 해도 미국 연예인들 사이에서는 자신의 작품이 상업적으로 사용되는 것을 부끄럽게 여기는 풍토가 있었던 것 같다. 당시 미국의 TV 광고를 조금만 주의 깊게 본 사람들이라면 알 수 있었던 건 미국광고에는 스타들이 별로 나오지 않고 무명의 광고배우들이 나온다는 것이었다. 스타 일색의 한국광고와는 달랐다. 이게 물론 유명 연예인을 쓰면 제품보다 연예인만 기억하는 부작용이 있을 수 있다는 계산 때문일 수도 있지만 미국 연예인들 자체가 광고에 나오는 걸 부끄럽게 여기는 면이 있었기 때문이다. 미국에서는 광고에 나오지 않는 배우들이 한국이나 일본에 와서는 미국시장에 방영되지 않는 광고를 찍고 광고료를 챙겨가는 사례가 종종 있었던 것도 아마도 당시 이런 인식과 무관하지 않을 것이다. 숀 코너리가 우리나라에 와서 양주 선전을 했던 걸 기억하는 사람들이 있을 것이다.

1970년대에 만들어진 록키 2를 보면 록키가 아폴로와 싸운 뒤 유명세를 타고, 돈을 벌기 위해 광고를 찍는 장면이 나온다. 여기서 록키는 광고를 찍던 중 여러 어려움 끝에 광고를 포기하고 만다. 중요한 이유는 그가 글을 읽지도 대사를 외지도 못하기 때문이다. 하지만 그 장면을 보면서 감지되는 건 자신이 잘 알지도 못하는 제품을 소비자들에게 거리낌없이 선전하는 것에 대한 감독의 부정적 시선이다. 순수한 록키가 할 일이 아니라는 듯한….

그런데 십 년이 지난 2003년, 특파원 근무를 위해 돌아온 미국은 사정이 조금 달라져 있었다. 광고에 나오는 건 예술가로서 부끄러운 일이 더 이상 아닌 것 같았다. TV만 켜면 한국 정도는 아니지만 스타들이 나오는 광고를 자주 볼 수 있었다. 물론 진짜 유명한 스타 가운데는 아직도 광고출연을 거부하는 사람이 많다. 그들이 너무 돈이 많아서 그럴 필요를 못 느끼는 건지는 모르지만…. 영화배우로서는 더 이상 오를 곳이 없다고 해야 할 로버트 드 니로가 신용카드 선전에 나오고, 팝 역사상 최고의 작곡가라고 평가받는 폴 매카트니와 밥 딜런조차 서로 경쟁이나 하듯 금융회사 광고에 나오고 있었다. 미국영화에서 최고의 거장으로 인정받는 마틴 스코시즈 감독조차 신용카드 광고에 나온다. 물론 이들은 천박하게? 직접 제품을 선전하지는 않고 점잖게 자신들의 얼굴만 빌려주거나 엄청나게 무게 잡는, 그래서 더 궁색하게 느껴지는 모호한 카피를 읽는 타협을 택했지만 미국이 예전과는 많이 달라졌구나 하고 느끼게 하는 단적인 사례들이다.

그렇다면 미국이 이렇게 달라지기 시작한 것은 언제부터였을까? 그것은 올리버 스톤 감독이 간파했듯 1980년대부터가 아닌가 싶다. 막 변해가는 미국의 모습을 스톤 감독은 비판하고 싶었던 것이고, 그 변화가 이미 익숙해진 90년대에 와서 제리 맥과이어는 달라진 미국을 인간적인 모습을 섞어 합리화하고 싶었을 것이다. 80년대의 미국은 앞서 잠깐 언급했듯 경제적으로 일본이라는 나라에 1등을 빼앗긴 것에 대한 자괴감이 있었다. 소니와 도요타는 제너럴 모터스를 제치고 최고excellence의 상징이 되고 있었다. 내가 배우던 MBA 과정에는 생산관리라는 과목이 있었는데, 그 과목의 미국 교수님은 한 학기 내내 미국은 이게 잘못됐고 일본은 이게 잘됐다는 말씀만 하시는 것이었다. 다른 과목에서도 미국 회사들이 경쟁력이 떨어지는 건 경영자들이 일본 경영자들처럼 장기적으로 내다보지 않고 단기적 경영성과에 집착하는 기업문화 때문이라는 말을 귀에 못이 박히도록 들어야 했다. 나중에는 내가 왜 일본에 가지 않고 미국으로 경영학을 배우러 왔는가 생각이 들 정도였다. 미국에서 만들어진 미래 영화를 보면 소니 간판이 걸린 건물들 사이로 차가 날아다니고 경영진은 일본사람들인 경우가 많았는데 당시 미국사람들에게 일본이 준 패배감 같은 것이 작용하는 것이 아닌가 싶다. 그렇다면 미국은 이런 위기를 넘기고 다시 1등으로 올라서기 위해 어떤 방법을 택했나?

미국사람들은, 교수님들이 주장하듯 일본을 닮는 것이 아니라 오히려 미국식 자본주의를 더욱 극단적으로 추구하는 방법을 택했던 것 같다. 이익이

나지 않는 부문은 가차없이 없애버렸고, 일본기업의 종신고용제를 흉내 내는 대신 직원들을 해고해 인건비를 줄였다. 주가를 올리는 경영자에는 어마어마한 인센티브를 줬다. 적자생존의 원리, 인간의 탐욕을 이용한 경영성과의 증진이 그것이다. 미국의 금융시장을 더욱 자율화하고 한국 같은 다른 나라의 금융시장도 개방시켰다. 신자유주의의 확산으로 이어지는 미국의 치열한 자본주의 추구가 미국을 다시 1등으로 올라서게 한 원인인지 아니면 경기가 그렇게 순환한 것인지는 경제전문가가 아닌 나로서는 알 수 없는 노릇이다. 하지만 80년대부터 미국은 일본을 흉내 내는 대신 자본주의의 정신에 더욱 충실하는 것으로 위기를 타개하려 했다. 공화당 출신으로 레이거노믹스로 유명한 레이건은 물론이고 민주당의 클린턴 대통령에 이르기까지 미국은 더욱 자본주의로 매진했다. 공황을 타개한 위대한 대통령 프랭클린 루스벨트와 FDR식 자본주의는 잊혀진 듯싶다. 미국의 이런 경향은 사회 전반에 커다란 영향을 미쳤던 것으로 보인다. 비효율이 묵인되던 시절은 지났고 이제 1등을 하기 위해서는 극단적인 효율추구가 있어야 된다는 자각이 그것이다.

돌이켜 보면 프로농구를 보면서 그런 변화의 조짐을 느꼈어야 했다. 80년대에 미국 프로농구 NBA를 좋아했던 사람들이라면 기억나는 두 팀이 있을 것이다. 여러 팀이 있었지만 당시 NBA 팬은 LA 레이커스 팬이냐 아니면 보스턴 셀틱스 팬이냐 두 가지 부류만 있었다 해도 과언이 아니다. 매직 존슨이 이끌던 레이커스는 서부를 대표하는 속공위주의 팀이었고 래리 버드가 이끌던 셀틱스는 동부를 대표하는 지공위주의 팀이었다. 대표하는 지역과 플레이 스타일도 정반대였지만 레이커스가 존슨을 비롯해 대부분 주전이 흑인이었던 데 비해 셀틱스는 버드와 맥케일 등 백인이 상대적으로 많아 그야말로 모든 면에서 대조를 이루는 라이벌 관계였다.

그런데 여기서 주목할 것은 이렇게 흑인이 많은 레이커스조차도 커트 램비스라는 백인 포워드는 꼬박꼬박 주전으로 뛰게 했던 것이다. 램비스는 파워 포워드 포지션이었는데 방송에서는 램비스가 팀에서 리바운드나 수비 같은 블루칼라 일을 도맡아 하는 훌륭한 선수라고 치켜세우곤 했었다. 램비스는 물론 훌륭한 선수였다. 또 그가 쓴 안경이 조금 독특하고 해서 나름의 퍼스낼러티를 형성해 팬들에게 어필했다는 점도 인정해야 할 것이다. 하지만 그가 다른 동료들에 비해 운동능력이 떨어진다는 것은 누가 봐도 알 수 있었다. 그와 같이 뛰었던 주전선수인 존슨, 압둘 자바, 제임스 워디는 모두 명예의 전당에 헌액된 걸출한 선수들이다. 레이커스뿐 아니라 어느 팀이건 백인 하나는 주전으로 뛰게 하는 것이 당시 NBA의 관행이었다. 인종차별이라고도 할 수 있고 백인 팬들을 확보하기 위한 상술이었을 수도 있다. 어쨌거나 당시 흑인이 모두 선발로 뛰는 농구팀은 그리 찾기가 쉽지 않았다.

하지만 80년대에서 90년대로 가면서 NBA 팀들 가운데는 선발선수를 모두 흑인으로 채우는 경우가 늘기 시작했다. 이들 팀의 감독들이 인종차별을 특별히 미워하는 사람들이어서였을까? 이기는 것이 중요하고 이기기 위해서는 가장 잘하는 선수를 넣어야 한다는 것, 효율을 추구해야 한다는 사고가 선수기용에 작용하기 시작한 것이다. 팬들도 백인이건 흑인이건 일단 우리 팀이 이기는 게 중요하다고 생각하기 시작했을 것이다. 만날 지는 팀을 응원하는 게 재미가 없는 것은 물론이다. 미국의 인종차별상황이 개선된 것을 부인할 수는 없겠지만 그보다는 우승하고 보자는 적자생존적 사고 추세가 변화를 가져온 것이라고 나는 믿는다.

이런 것을 시대에 앞서 실천한 사람이 있었다. 영화 글로리 로드 Glory Road 2006 에 나오는 실화의 주인공이다. 돈 해스킨스는 텍사스 웨스턴 칼리지라는 조그만 시골대학의 농구감독이었다. 그는 1966년 이 시골대학을 미국 대학 농구 우승팀으로 만든다. 우승비결은 비교적 간단했다. 그는 피부색에 상관없이 주전선수를 골랐다. 그 결과 흑인이 모두 선발로 뛰게 됐다. 흑인이 모두 주전인 팀이 우승을 한 것은 이때가 처음이었다. 다른 팀들이 흑인을 모두 주전으로 하지 않은 것은 흑인이 실력이 없어서는 아니었다. 백인을 꼭 선발에 넣어야 한다는 감독들간에 존재하는 불문율 같은 것 때문이었다. 이 팀은 결승전에서 전통의 명문이자 백인들이 선발로 뛰는 켄터키 대학을 누르고 역사적인 우승을 차지한다. 대학감독들 사이에 존재하던 백인 주전이라는 금기를 깬 이 감독은 카르텔을 깨고 값을 먼저 낮춘 제조회사와 비슷

글로리 로드의 한 장면

하다. 값을 내린 제품이 더 많이 팔리듯 그의 우수한 팀은 피부색에 얽매인 다른 팀들을 이기고 우승한 것이다.

이 영화를 자세히 보면 영화를 관통하는 논리 같은 것이 있다. 해스킨스 감독은 인종차별 철폐의 선구자 같은 사람으로 비쳐지는 것에 대해 경계심을 갖고 있는 듯하다는 것이다. 해스킨스 감독은 여기서 인종차별을 개선하기 위해 흑인 주전을 쓴 것이 아니었다. 그의 관심은 이기는 것이었고 그러기 위해서는 피부색을 따질 여유가 없었던 것으로 묘사된다. 따라서 끝내 결승전에서 이기고 났을 때의 장면을 지배하는 정서도 인간애의 승리에 따른 감격보다는 스포츠 선수로서 언더독이 이겼을 때 느끼는 희열 같은 것이다. 래리 버드와 케빈 맥케일은 엄청나게 뛰어난 선수들이었지만 결국 흑인선수가 조금 더 많았던 레이커스가 셀틱스보다 1980~90년대에 우승을 더 많이 하게 된 것도 우연은 아닌 듯싶다.

하인스 워드가 슈퍼볼 MVP가 되고 난 뒤 피츠버그의 유력지인 포스트 가제트는 한국에서 일고 있는 혼혈인에 대한 새로운 인식과 관련해 사설2006년 2월 17일에 이런 글을 싣는다.

> 인생에서 우리의 위치는 누가 부모냐가 아니라 재능과 노력에 의해 결정된다는 생각은 미국이란 나라에 매우 중요한 것이다. 미국은 아직 이와 관련해 갈 길이 멀지만 스포츠에서는 다른 어떤 분야보다 진전이 있었다.

여기서도 주목할 것은 피부색깔이 중요하지 않은 이유를 말하면서 중요한 것은 능력, 즉 재능과 노력이라고 말한다는 것이다. 우리 같으면 사람은 모두 태어날 때부터 평등하게 태어났다고 말할 텐데.

어쨌거나 미국의 농구가 이렇게 경제학에서 얘기하는 비교우위를 존중하기 시작하자 흑인들이 농구로 더욱 몰려들었고, 백인들은 농구로 프로가 되는 걸 포기하기 시작했다. 미국 농구계에서는 최근 백인들도 농구선수가 돼야 백인 팬들을 늘릴 수 있다는 주장이 진지하게 거론될 정도가 됐다. 마지막 백인 슈퍼스타 래리 버드는 얼마 전 이에 대한 얘기를 하면서 농구는 흑인의 운동이라는 점을 솔직히 시인해 인종문제에 민감한 미국에서 작은 논란을 일으키기도 했다. 이런 인종에 관한 얘기가 '작은' 논란에 머문 것은 버드의 주장이 흑인이 어떤 분야에서 '우월'하다는 논지였기 때문일 것이다. 하지만 이런 인종의 우열에 관한 얘기는 미국에서는 금기시된다. 흑인이 어느 분야에서 우월하다는 얘기를 하기 시작하면 반대로 흑인은 다른 분야에서 열등하다는, 인종차별적 얘기도 가능하게 하는 분위기가 조성되기 때문이다. 여하튼 이제 미국농구에서 뛰는 백인스타들은 유럽 출신이 대부분을 차지하고 있다. 반대로 흑인들이 비교우위가 있는 농구와 풋볼로 지나치게 많이 몰리면서 야구에는 흑인스타가 없어지고 있다는 아쉬움의 소리도 나오고 있다. 배리 본즈가 있기는 하지만 요즘 젊은 흑인선수 가운데 행크 아론이나 윌리 메이스를 이을 유망주가 없다는 것이다. 잘 나가는 젊은 홈런왕은 알버트 푸홀스나 알렉스 로드리게스 같은 히스패닉 계열이다. 농구와 풋볼은 스피드가 최우선적으로 필요한 선수의 조건이지만 상대적으로 스피드가 덜 필요한 야구의 경우 백인이나 히스패닉도 흑인만큼 잘할 수 있기 때문이다. 철저하게 자본주의적 개념인 비교우위에 따라 스포츠에서조차 인력의 풀이 움직이는 사회, 미국은 그렇게 변한 것이다.

'자본주의로의 매진'이 갖는 의미

그렇다면 이런 자본주의와 경쟁으로의 매진이 갖는 의미는 무엇일까?

워싱턴 특파원으로 부임한 것은 지난 2003년. 미국유학을 마친 것이 1988년이었으니 15년 만이었다. 'DYNAMIC KOREA' 정도는 아니지만 미국도 꽤 달라진 것이 많았다. 그 중에서도 내게 가장 신선하게 느껴진 것은 인종문제였다. 1980년대만 해도 미국의 인종상황은 그다지 바람직한 것이 아니었다. 대중문화인 TV와 영화만 봐도 그랬다. 흑인스타라고는 별로 찾아보기가 힘들었다. 앞서 언급한 코스비 쇼가 1등을 하는 게 화제였고, NBC 방송의 심야 코미디 쇼인 Saturday Night Live를 통해 혜성처럼 나타난 에디 머피가 48시간, 비버리 힐스 캅으로 연타석 홈런을 치면서 슈퍼스타로 떠오르기는 했지만, 흑인 슈퍼스타는 거의 없었다. 속성상 능력에 따라 확연히 우열이 갈리고 '컬러 블라인드' color blind 적인 성격이 강한 대중음악과 스포츠계는 흑인들이 슈퍼스타로 떠오른 지 오래였어도, 스타의 외모가 큰 비중을 차지하는 영화나 TV는 얘기가 달랐다. 인종차별을 하면 안 된다는 캠페인이 사회적으로 펼쳐지고는 있었지만 1960, 70년대 남부의 뿌리깊은 인식이 하루아침에 사라질 리 없었다.

이런 인식이 가장 극명하게 나타나는 것은 메인 스트림의 드라마나 영화였는데 흑인과 백인이 부부나 연인으로 나오는 경우가 극히 드물었다. 흑백커플이 나온다면 그것은 인종문제가 주제이기 때문이고 이들이 그저 평범한 커플로 나오지는 않았다. 영화에서 커플로 나오더라도 그들의 애정관계는 암시만 될 뿐 손을 잡는다든지 키스를 한다든지 하는 일은 피했던 것이다.

유학시절 미국 남부를 친구들과 여행한 적이 있었다. 테네시주였던가 하디스라는 햄버거 가게에 들어갔는데 갑자기 우리에게 쏟아지던 가게 안 사람들의 눈길이 기억난다.
또한, 내가 학교를 다닌 위스콘신주의 매디슨은, 중소도시이고 흑인이 없기도 했지만, 실제로 그 도시의 길거리에서 흑백커플을 보기란 매우 힘들었다.

아널드 슈워제네거가 나오는 영화 코만도에는 흑인 여자 승무원이 상대역으로 나왔는데 사실 그것만 해도

코만도의 한 장면

상당히 신선한 시도였고, 그들은 온갖 위험을 같이 겪으면서도 어떤 애정표현도 하지 않는 식이었다. 다만 슈워제네거의 어린 딸 이 아역배우는 지금은 상당히 섹시한 여자배우가 됐다 과 승무원, 슈워제네거가 마지막 장면에 함께 어디를 가는 것으로 마무리하면서 관객의 상상력에 맡겼던 것이다. 그리고 보니 슈워제네거가 만든 다른 영화 이레이저에서도 역시 흑인 여배우 바네사 윌리엄스와 마지막에 비슷한 장면이 나온다. 드라마에 흑백커플이 나오지 않는 데는 시청자들을 불편하게 만들기 원하지 않는 제작자들의 생각이 반영돼 있었을 것이다.

그러면 2000년대의 미국은 어떤가? 개인적으로 가장 좋아했던 미국 드라마를 꼽으라면 초창기의 ER이다. 의사들은 어떻게 생각할지 모르지만 내게는 이 드라마가 너무나 사실적으로 다가왔다. 스테레오타입화되지 않은 인물성격과 현장감 있는 촬영, 드라이한 듯하면서도 흥미 있게 다음 편으로 이어가는 스토리텔링. 아픈 사람과 의사의 내면을 시청자에게 들이대는 작품성. 특히 오랫동안 같이 산 아내를 잃은 할아버지 미국 방송업계의 전설적인 프로듀서인 칼 라이너가 연기한 것으로 기억하는데 정확하지는 않다 가 나오는 그 에피소드에서 할아버지가 보여주는 슬픔은 박진감 자체였다.

ER의 한 장면

어쨌거나, 에미상을 휩쓸다시피 했던 최고 인기의 이 드라마에서 주인공 급인 냉철한 외과의사 닥터 밴튼은 흑인배우가 연기를 했다. 그는 여기서 한때 영국에서 온 백인 외과의사 엘리자베스와 연애를 했다. 결국 헤어지고 흑인 여자의사와 잘되기는 했지만 이 흑백커플은 드라마 안에서 자연스레 키스도 하고… 뭐 그러는 것이었다. 이 드라마의 흑백커플 행진은 여기서 끝나지 않았다. 착하고 사명감 투철한 백인 상류층 출신 닥터 카터 역시 흑인 여자와 아프리카에서 정분이 났다. 최근에 보니 응급실 치프chief 역할을 하는 백인 남자의사가 흑인여자와 데이트를 시작했고, 록가수를 부업으로 하는 철없는 백인 남자의사는 인도나 파키스탄계로 보이는, 역시 얼굴색이 검은 여자의사 슈팅 라이크 베컴이란 영화에 주인공으로 나왔던 여자배우가 연기한다 와 묘한 애정관계에 있었다. 한마디로 ER에 있는 남녀 의사들간에는 다인종적 연애관계가 늘 형성돼 있는 것이다. 그리고 이들 대부분 커플들을 묘사함에 있어 인종문제는 거의 언급되지 않는다. 그들은 그저 피부색을 떠나 남자와 여자로 사귀고 있는 것이다.

미국 영화계가 그해의 최대 작품으로 공을 들였던 미션 임파서블 2에는 주인공인 톰 크루즈의 연인으로 흑인여자 ER에서 닥터 카터의 애인으로 나오는 여자배우가 나오고 007에서는 피어스 브로스넌의 본드걸로 흑인 여자배우 할리 베리가 나온다. 그들은 그저 커플들이고 우연히 피부색이 다른 것일 뿐이다. 물론 미국에서의 인종차별이 이제 사회문제가 되지 않는다는 것은 아니다. 하지만 거창한 사회적 정의보다는 시청률이나 극장관객들의 감정적인 반응에 목숨을 거는 영화와 TV에서 흑백커플이 자주 등장한다는 것은 미국에서 인종에 대한 편견이 불과 십여 년 전에 비해 상당히 개선됐다는 반증이다. 팬들이, 일반 대중이 이를 거북하게 여기지 않는다는 것이다.

정치계에서 보면 차기 대선주자로 흑인들이 유력하게 거론되고 있다. 그것도 예전의 제시 잭슨 목사처럼 가능성은 없는데 그저 구색용으로, 그리고 다음 유색정치인에게 길을 터주기 위해 대선후보로 나서는 것이 아니다. 공화당 유력인사 가운데는 콘돌리자 라이스 국무장관에게 기대를 거는 사람들이 많다. 냉정해 보이는 게 단점이기는 하지만 천재소녀 출신에 스탠퍼드대학 교수, 프로급의 피아노 연주, 인종차별을 딛고 주류사회에 진출한 강인함 등 어필하는 장점이 많기 때문이다. 민주당

스파이크 리조차
최근에는 특유의 사회의식이
배어 있는 영화 대신 'Inside Man'이란
액션영화를 감독했다.

의 경우도 배럭 오바마 상원의원은 흑인에 대한 여러 가지 스테레오타입을 깬 하버드 법대 출신으로 연설도 잘하고 인물도 준수해 이건 미국 선거에서 매우 중요한 부분이다 힐러리 클린턴의 경쟁상대로 떠오르고 있는 중이다.

최근 미국에서는 이런 분위기 탓인지 흑인의 주류사회 진출 부진을 인종차별 관점에서 고발하는 목소리는 줄어들고 있다. 흑인으로서 미국 연예계 진출을 개척하다시피 한 코미디언 빌 코스비는 흑인사회의 부진을 인종차별보다는 흑인사회의 자체적인 문제에서 찾는다. 애만 낳게 하고는 처자를 버리는 흑인남자들 많은 흑인 어린이들이 엄마 혼자 키운 가정에서 자란 것을 영화나 실제에서 흔히 볼 수 있다, 자식에 대한 미지근한 교육열 등이 흑인사회의 발전을 가로막고 있다는 것이다. 코스비는 이 때문에 일부 흑인사회로부터 비판을 받기도 했지만 자신이 엄청난 인종차별을 받았던 사람이고 워낙 존경받는 연예인 그는 연예생활중에 박사학위까지 받았다 이기 때문에 그의 말에 많은 사람들이 동감하고 있다. 인종차별이 줄어들면서 이제는 흑인 등 유색인종에게 각종 사회참여에서 우선권을 주는 Affirmative Action도 없애자는 이야기가 나올 정도로 인종차별에 대한 미국사회의 죄책감은 엷어지고 있다.

그렇다면 왜 미국에서 인종에 대한 편견이 개선됐을까? 거기에는 여러 가지 해석이 있을 수 있고 그 해석들이 대부분 맞을 것이다. 커다란 변화는 한 가지 요인이 아니라 복합적인 이유로 일어나기 마련이다. 어렸을 적부터 인종차별에 대한 교육을 제대로 받은 세대가 사회의 중심계층이 됐기 때문일 수도 있고, LA 폭동 같은 일이 이래서는 안 된다는 자각을 미국에 줬을 수도 있다. 하지만 앞에서 언급한 자본주의로의 매진, 결과와 승리, 효율에 대한 숭상도 한몫 했을 것이라는 짐작이다. 어떤 사람이 만들어내는 결과가 남보다 우수한 한, 그 사람의 피부색이 어떤가는 상관없다는 인식. 우리 농구팀이 이기는 데 스타팅 멤버가 모두 흑인이면 어떠냐는 인식이 그것이다.

역으로 어떤 분야에서 최고에 오른 흑인은 더 이상 흑인으로서가 아니라 그저 최고의 전문가로 인식된다. 오늘날 타이거 우즈 하면 "그 사람 흑인이지"라는 생각을 먼저 떠올리는 사람은 소수이다. 세계에서 당할 자가 없는 골퍼, 골프라는 스포츠를 초월한 카리스마 넘치는 슈퍼스타를 떠올리기 마련이다. 우즈를 좋아하지 않는 사람들도 있는데, 이 경우도 그가 흑인이어서라기보다는 너무 매번 이기기만 하는 데 대한 거부감 때문인 경우가 많다.

우즈 역시 자신이 흑인이란 사실을 내세우지는 않는다. 그것은 오히려 자신이 세계 최고라는 사실에서 대중의 관심을 다른 곳으로 돌릴 수 있기 때문이다. 그건 논점을 흐리는 일이다. 피부색보다는

우즈의 이런 태도는 1960, 70년대, 무하마드 알리 같은 운동선수들이 취했던 태도와는 대조가 된다. 알리는 자신은 흑인이자 동시에 세계최고의 복서라는 사실을 강조하면서 흑인의 우수성을 과시하고 인종차별철폐를 주장했다면, 우즈는 흑인 부분은 생략하고 있다. 시대의 흐름에 따른 다른 선택이라 할 수 있다.

자신의 능력에 포커스를 돌리는 이런 태도는 피부색은 언급할 가치조차 없다는 전제를 깔고 들어감으로써 보다 자연스럽게 세계인들에게 흑인에 대한 이미지를 개선하는 효과를 가져왔을 것이다.

결국 역설적이게도 휴머니즘이 아닌 자본주의적이고 적자생존적인 사고가 오히려 인종차별을 없애는 데 기여했을 수 있다는 것이다. 조직이나 개인의 목표를 추구하는 과정에서 능력과 결과, 'show me the money'를 중시한 결과 껍데기에 불과한 피부색을 극복하는 바람직한 부산물이 생겨났다는 것이다. 이런 사고는 인종문제뿐 아니라 사회 전반에 영향을 미쳤을 것으로 짐작이 간다. 그러나 그것이 인종문제 경우처럼 늘 긍정적 영향을 미쳤다는 것은 아니다. 나중에 다시 언급하겠지만 '승자, 강자에 대한 관용'의 맞은편에 있는, '패자와 약자에 대한 무관심'은 냉정한 사회, 부익부 빈익빈으로 이어지는 면이 있다. 다만 미국의 변화와 흐름을 이해하는 하나의 틀로서 '자본주의와 효율로의 매진'은 매우 유용하다는 것이다.

스포츠와 자본주의. Just Win! Baby!

이왕 얘기가 나온 김에 스포츠로 미국 얘기를 조금 더 풀어가 볼까 한다. 2000년 시드니 올림픽이 열릴 때였다. 나는 영국의 웨일스에 있는 카디프 대학원 언론학 석사과정을 밟고 있었다. 시드니 올림픽에 남북한이 함께 입장하고 해서 더욱 관심을 갖고 방송을 지켜보던 때였다. 하루는 BBC 방송이 한 여자 육상선수를 대대적으로 조명하면서 이 선수의 업적을 치켜세우는데, 저렇게까지 해야 되나 하는 생각이 들 정도였다. 그런 생각이 든 것은 이 여자선수가 동메달을 딴 것에 불과?했기 때문이었다. 하지만 영국언론들은 기대하지 않았던 이 선수가 동메달을 딴 것에 대해 대단히 만족스러워 하며 크게 치하하는 분위기였다. 금메달 아니면 시시하게 여기는 풍토에서 자란 나로서는 영국이란 나라가 역시 양반이구나 하는 좋은 느낌을 받았다. 여기서 영국 얘기를 꺼낸 것은 영국사람들이 건너가 세운 미국이란 나라가 영국과 얼마나 다른지를 설명하기 위해서이다.

지난 2005년 홈런왕 배리 본즈의 스테로이드 스캔들은 미국에서 정치문제화되고 있었다. 부시 대통령이 국정연설에서 스테로이드 사용을 척결해야 한다고 주장하는가 하면 다음 대선에서 유력한 대선후보로 거론되는 존 맥케인 같은 상원의원들까지 이에 가세하고 있었다. 결국 의회에서 스테로이드에 대한 청문회가 열렸다. 2005년 4월 열린 이 청문회에는 스티브 코슨이라는 전직 프로 풋볼선수가 증인으로 나와 이렇게 말한다.

> "우리는 어떤 수단으로든 이겨야 한다는 인식에서 벗어나야 한다. 바로 이것이 스테로이드 문제를 야기한다."
> "요즘 젊은 운동선수들은 스포츠의 원천적인 미덕인 팀워크와, 포기하길

거부하는 정신, 근면성을 모른다."

이 전직 풋볼선수는 자신이 스테로이드 때문에 죽음 직전까지 갔던 얘기를 곁들여 가면서 감동적이고도 능수능란하게 스테로이드에 대한 강한 대책을 요구했다. 나는 저녁뉴스에서 그 장면을 보면서, '참 미국애들은 말 하나는 잘 한단 말이야. 그렇지. 스테로이드 문제를 문화라는 측면에서 비교적 잘 짚었구먼' 하는 생각을 했었다. 그런데 다음날 FOX라는 상당히 보수적인 미국 공중파방송에서 하는 스포츠 프로그램을 보던 나는 나 혼자 감명받았던 거 아니냐는 생각을 하게 됐는데 …, Best Damn Sports Show Period라는, 전직 스포츠선수들이 앉아서 진행하는 토크쇼였다. 여기서는 자연히 코슨의 증언이 화제로 떠올랐다. 네 명 정도가 여기에 대한 각자의 의견을 얘기하기 시작했는데 내용이 한결같이 미국 스포츠계의 이기고 보자는 풍토가 뭐가 잘못됐냐는 것이었다. 한 사회자는 사람들이 미국을 좋아하는 이유는 "미국이 상대를 박살내기 때문이다" Because we kick asses 라고 말하면서 코슨의 태도는 패배주의적이라는 요지로 비판했다. 전날 코슨의 증언에 상당히 공감하고 있었던 나로선 처음 얘기가 시작됐을 때 스테로이드 문제가 심각한 만큼 코슨의 말에 동감하면서 이 사회적 문제를 해결해야 한다는 말이 나올 줄 알았는데, 코슨을 옹호하는 발언이 전혀 없었다. 한마디로 미국언론이 동메달 딴 선수를 칭찬하는 일은 거의 없다. 이것은 미국이란 나라를 이해하는 중요한 단서이기도 하다.

여기서 미국사람들의 '이기는' 것에 대한 태도를 알아보기 위해 몇 가지 예를 살펴보자. 하인스 워드가 슈퍼볼이 끝난 다음 손에 자랑스럽게 들고 있던 우승컵은 미국의 한 풋볼 코치의 이름을 땄다. 빈스 롬바르디. 그는 그린베이 패커스를 다섯 번 우승으로 이끈 용장의 대명사이다. 그의 강인한 지도력과 카리스마는 미국사람들에게는 그야말로 전설로 남아 있다. 특히 그는 어떻게 하면 인생에서 성공하느냐에 대한 명언들을 많이 남겼다. 그 가운데서도 가장 유명한 것은 '승리'하는 것에 대한 그의 발언들이다.

> "2등은 의미가 없다. 나의 게임에는 오직 하나 1등의 자리만이 있을 뿐이다. 그린베이팀이 두 번 2등한 적이 있는데 다시는 그러고 싶지 않다. 2등 게임은 실패자들을 위한 것이다. 미국의 정신은 늘 모든 것에서 1등을 하고 이기고 또 이기고 또 이기는 데 있어왔다."

> "이긴다는 게 가장 중요한 일은 아니다. 그것은 유일한 일이다." Winning isn't the most important thing; it's the only thing.

미국 스포츠 해설자들은 롬바르디 얘기를 할 때면 마치 링컨 대통령에 대해 말하듯 외경감을 갖고 말한다. 지금도 역사상 가장 위대한 풋볼 코치가 누구냐고 묻는 설문을 하면 미국사람들은 40여 년 전 활약했던 이 코치를 1위로 꼽는다. 사실 설문조사라는 것이 사람들의 기억에 의존하는 것이기 때문에 역대 누가 최고냐고 물으면 최근에 그 분야에서 1등인 사람을 꼽는 경우가 대다수이고 예전에 대단한 업적을 이뤘던 사람은 외면되기가 일쑤이다. 누가 역사상 최고의 복서냐고 물으면 대부분 사람들이 무하마드 알리를 꼽는다. 그 전 시대를 살았던 슈가 레이 로빈슨이 복싱 전문가 사이에서는 알리 못지않은 표를 얻지만 그는 오래 된 사람이고 그의 경기를 중계로 본 사람은 미국에도 이제 별로 없기 때문이다. 오히려 그를 존경한 나머지 이름을 슈가레이 레나드라고 바꾼, 로빈슨에 비하면 조족지혈인 복서가 요즘 사람들에게는 더 표를 얻을 것이다. 이런 기억의 '간사함'에도 불구하고 롬바르디가 세월의 핸디캡을 딛고 그토록 오랫동안 컬트적 위치를 차지하는 데는 그가 단순한 스포츠 이상의 무엇인가를 상징하기 때문일 것이다. 롬바르디는 미국사람들에게 승리자, 적자생존의 경쟁에서 살아남은 적자의 상징이다.

롬바르디

롬바르디가 가장 유명한 풋볼 코치라면 가장 유명한 풋볼 구단주는 오클랜드 레이더스의 앨 데이비스일 것이다. 그는 롬바르디처럼 존경을 받기보다는 논란을 잘 일으켜 유명하기는 하지만 그 역시 좋아하는 사람이 많은

건 그의 지기 싫어하는 성품 때문일 것이다. 그 역시 명언을 남겼는데 그게 승리와 관련돼 있음은 물론이다. 그가 한 말은 "Just win baby!" 이기면 되는 거 아냐!

하나만 더. 이건 야구 얘긴데 2007년 9월 현재까지 26번이나 월드시리즈를 우승한 뉴욕 양키스의 주장은 데릭 지터라는 유격수이다. 그런데 이 선수를 싫어하는 팬이나 해설자, 기자를 찾기는 쉽지가 않다. 같은 팀의 3루수 알렉스 로드리게스는 언젠가 행크 아론의 기록을 깰 것이 확실시되는 선수로, 거의 모든 면에서 지터보다 뛰어난 기록을 갖고 있다. 하지만 지터는 90년대 말 양키스를 여러 차례 챔피언으로 이끈 주장인 데다 팀이 정말로 타점을 필요로 할 때 타점을 올리는 강인한 정신력을 가진 이른바 clutch hitter이다. 장타력은 로드리게스에 비해 형편없지만 뉴욕 팬들은 지터를 로드리게스보다 압도적으로 좋아한다. 그를 표현할 때면 가장 흔히 쓰이는 말이 있는데 그것은 "He is a winner" 이다. 어떤 선수의 시즌 타율이 겨우 2할을 넘겼는가는 뉴욕 팬들에게 어찌 보면 중요하지가 않다. 그것보다는 그 선수가 결승전에서 중요한 안타를 쳐서 팀이 이겼느냐가 중요한 것이다. 우리로 따지자면 한 선수가

실제로 로드리게스는 2005년에 MVP에 오를 정도로 뛰어난 활약을 했지만, 그보다 2년 전 양키스가 숙적 보스턴과의 리그 결승전에서 대역전패를 당할 때 타점을 올리지 못했다는 이유로 지금까지도 욕을 바가지로 먹고 있다.

이승엽 선수 같은 기량을 가졌느냐 보다는 그 선수가 한대화 선수처럼 소속팀이 중요한 경기에서 이길 때 얼마나 기여했느냐, 그가 기량이 뛰어난가 보다는 그가 winner인가가 더 중요하다는 것이다. 따라서 winner는 미국에서 받을 수 있는 최고의 찬사 가운데 하나이다. 자연, 2등에 대한 대접이 형편없다. 2006년 한국 시리즈에서 한화가 삼성에게 진 뒤 한화가 그래도 참 잘했다는 칭찬을 받았지만 미국에서는 좀처럼 월드시리즈에서 2위를 한 팀이 조명을 받는 일이 없다. 미국사람들은 흔히 "아무도 누가 어떤 해 월드시리즈에서 2등을 했는지 기억하지 않는다"는 식으로 말한다.

이런 이기는 것에 대한 집착은 때로는 강박관념으로 작용해 부작용을 낳기도 한다. 2년마다 열리는 미국과 유럽 출신 골프선수들의 대항전인 라이더컵은 골프팬이면 누구나 관심을 갖는 이벤트이다. 세계랭킹 상위권 선수들을 더 많이 갖고 있는 미국은 전통적으로 강세를 보여왔지만 최근 들어 번번이 유럽에게 참패를 당하고 있다. 도대체 선수 면면으로 보면 져서는 안 되는데 왜 자꾸 지는지 미국인들로서는 어리둥절할 수밖에 없는 노릇이다. 2006년에 다시 미국이 져서 역사상 처음으로 유럽팀이 세 번 연속으로 이기는 일이 벌어지자 이 분야에서 상당한 권위를 인정받는 골프담당 기자인 론 시락은 다음과 같은 분석을 제시한다.

미국 선수들은 심각한 표정으로 담력과 용기, 자존심에 대해 얘기한다.

> 반면 유럽선수들은 웃으면서 재미와 기쁨에 대해 그리고 얼마나 라이더컵 분위기를 즐기고 있는지에 대해 얘기한다. … 유럽선수들은 라이더컵에 참가하는 데 대한 기쁨을 같이 나누는 반면 미국선수들은 질 경우에 나올 헤드라인부터 생각하는 것 같다.

남에게 진다는 것이 용납이 안 되는 미국 분위기를 너무나 잘 아는 선수들이 미리부터 지나치게 긴장하고 경기에 임하기 때문에 멘틀mental 게임인 골프에서 번번이 유럽에 지고 있다는 분석이다.

미국에서 축구가 인기없는 이유에 대해서는 여러 가지 분석이 구구하다. 그 중에 자본주의적 관점에서 가장 설득력이 있는 것은, 축구는 경기 중간에 광고를 넣을 수가 없기 때문이라는 것이다. 광고가 미식축구나 농구, 야구에 비해 적기 때문에 방송사가 돈을 벌 수가 없고 그러다 보니 구단에 돌아가는 돈이 적어지고 이는 선수들의 수입감소로 이어져 훌륭한 운동능력을 가진 청소년들이 축구를 하지 않는 결과를 낳는다는 것이다. 실제로 미국에서 인기 있는 프로스포츠인 아이스하키와 미식축구, 야구, 농구는 모두 중간 중간에 광고를 넣을 수 있는 형식이다. 심지어는 경기 중간에 광고를 넣기 위한 텔레비전 타임아웃이 만들어지기도 한다.

이와 같은 시장경제적 설명 외에 심리적 이유도 있을 것이다. 아마도 미국사람들은 자신의 나라가 1등을 하지 못하는 축구 같은 종목을 좋아할 수 없을 것이다. 세계 최고수준인 여자축구의 경우 미국사람들이 상당히 좋아했다. 유명한 스트라이커 미아 햄의 경우 미국인들이 매우 좋아하는 스포츠 명사이다. 공룡 센터 샤킬 오닐과 함께 진통소염제 선전에 같이 나올 정도이다. 하지만 같은 축구라도 4강에도 오르지 못하는 남자 축구는 인기가 없다. 우리를 포함해 대부분 나라 사람들이 축구로 월드컵에서 우승할 가능성은 전무하다시피 하다는 것을 알면서도 축구에 열광하는 것과는 다르다. 미국인들은 미국이 축구에서 엘리트에 끼지 못한다는 것 때문에 축구를 좋아할 수 없을 것이다. 혹시 언젠가 위대한 몇 명의 축구선수들이 나와서 월드컵에서 돌풍을 일으키는 일이 일어난다면 얘기가 달라질 것이다. 투르 드 프랑스를 7연패한 랜스 암스트롱은 미국에서 영웅 대접을 받는다. 미국방송은 평소에는 사이클 경기를 거들떠보지도 않다가도 암스트롱이 출전하는 투르 드 프랑스만은 지루하게 중계한다. 물론 암스트롱이 1등이기 때문이다. 그것도 유례가 없을 정도로 압도적인 1등이기 때문에 더욱 그를 존경한다. 암스트롱은 세계에서 1위를 하는 선수이고 그것은 미국 시청자들에게 매우 미국적 American 인 것이다.

승리를 하는 것, 즉 승자가 되는 것을 중시하는 풍토는 승자에 대한 관대함으로 나타난다. 어떤 조직이든지 능력을 인정받은 승자에 대해서는 한국사람들이 보기에는 지나치다 싶을 정도의 대우가 상으로 주어진다. 이런 경향은 경영계와 스포츠에서 단적으로 나타난다.

미국 신문 USA TODAY가 실시한 조사에 따르면 리처드 페어뱅크라는 Capital One Financial 금융회사이다 의 CEO는 2005년에 2억 5천만 달러를 벌어들였다. 페어뱅크 외에도 1억 달러를 넘는 소득을 올린 CEO들은 많다. 미국의 백대 기업의 CEO들이 받는 연봉의 중간치는 1천 8백만 달러, 환율이 자꾸 바뀌어서 정확히 계산하기는 뭐하지만 대략 180억 원 정도 되는 것이다. 이 신문은 또 재미있는 사실을 하나 밝혀냈는데, 그건 보통 미국 근로자의 연봉은 2005년 한 해 동안 3% 정도 오른 것에 비해 이들 CEO의 연봉은 25% 올랐다는 것이다. 물론 미국에서조차 이들이 받는 연봉에 대해서는 obscene, 즉 추하다는 표현을 써가며 반감을 나타내는 사람들이 많다. 하지만 그런 비판이 나온 지가 어제오늘 일이 아님에도 이들의 연봉은 하늘 높은 줄 모르고 솟구치기만 한다. 그렇다고 주주들이 나서서 이들의 연봉을 제한하자는 구체적인 움직임이 있는 것도 아니고, 그런 게 성공할 분위기도 아니다.

돈이 되는 분야에서 피라미드의 꼭대기에 올라선 사람들에 대한 관대함은 방송계도 예외는 아니다. CBS 뉴스의 앵커가 되면서 공중파 최초의 여성 단독 앵커라는 기록을 세운 케이티 쿠릭은 연봉이 1천5백만 달러이다. 물론 미국이 한국보다 어마어마하게 잘사는 나라임에는 틀림없지만 그걸 고려해도 지나치게 많다는 지적이 나올 수밖에 없다. 한국의 앵커가 얼마나 받는지는 잘 모르지만 아마도 대부분 쿠릭의 150분의 1도 되지 않을 것이다.

뭐니뭐니해도 승자의 기형적으로 커져 버린 소득이 가장 잘 나타나는 분야는 스포츠일 것이다. 공룡센터 샤킬 오닐은 LA 레이커스에서 마이애미 히트로 옮겨가면서 5년에 1억 달러의 조건으로 계약을 했다. 1년에 2천만 달러 정도. 미국 야구에서 가장 돈을 많이 받는 것으로 유명한 알렉스 로드리게스의 경우 10년간 2억5천만 달러를 받기로 돼 있다.

승자에 대한 관대함은 그들에게 주는 돈에서만 나타나는 것이 아니다. 미국사회는 전반적으로 능력을 인정받은 사람에 대해서는 그 사람이 얼마나 그 자리를 지키건 사퇴압력을 가하지 않는다. 방송계에서 트로이카로 유명했던 공중파의 세 앵커 – 톰 브로코, 피터 제닝스, 댄 래더는 각각 21년, 27년, 24년 동안 자리를 지켰다. 윌리엄 렌퀴스트 대법원장의 경우 1972년에 대법관이 돼서 2005년 죽을 때까지 33년을 대법원에서 판사로 근무했다. 여기에는 대법원장으로서 근무한 19년이 포함돼 있다. 그는 말년에 암에 걸려 거동조차 불편했지만 부시 대통령의 재선선서를 주재하고 끝내 은퇴하지 않은 채 사망했다. 앨런 그린스펀의 경우 미국의 중앙은행 격인 연방준비제도이사회, FRB의 의장을 19년간, 80세가 될 때까지 지냈다. 한국은행 총재를 누가 20년간 했다고 상상해 보라! 아마도 관계와 학계에서 난리가 났을 것이다. 왜 그 사람만 오래 하는 것이냐고… 대통령이 된 사람도 자신이 챙겨주고 싶은 사람을 총재에 앉히고 싶다는 유혹을 뿌리칠 수 없을 것이다.

이런 승자에 대한 관대함은 합리적인 면과 비합리적인 면을 동시에 가지고 있다. 특히 돈과 관련해서는 비합리적인 면이 두드러지는데, 과연 로드리게스라는 야구선수가 하는 일이 1년에 2천 5백만 달러, 2백억 원이 넘는 돈을 받을 정도의 가치를 사회에 기여했느냐 하는 것이다. 사회에 기여를 많이 한 사람이 더 돈을 받을 수 있다면 그 사회가 바람직한 방향으로 발전하는 데 원동력이 될 것이다. 하지만 현실은 그렇지 못하다. 운동선수뿐이 아니다. 경제적인 계산이 치열해야 할 주식회사의 경영진에 대한 처우에서도 페어뱅크라는 경영자가 1년에 2억 5천만 달러를 받을 만한 일을 회사에 했느냐는 데는 미국사람들조차 고개를 갸웃거린다.

미국에서도 corporate greed, 기업문화를 병들게 하고 있는 탐욕에 대한 한탄이 나오고 있는 실정이다. 미국은 한동안 TYCO라는 회사의 CEO에 대한 재판이 화제를 모았는데, 코즐로스키라는 이 사람은 회사의 대출 프로그램을 악용해 1억 7천만 달러를 빼내고 회사실적을 과장해 4억 3천만 달러의 부당이득을 본 혐의를 받았다. 특히 이 사람이 분노를 산 것은 그가 이런 돈으로 자신의 집에 6백만 원짜리 커튼을 다는가 하면 아내에게 2십억

원을 들여 생일파티를 해줬다는 게 드러났기 때문이었다.

9·11 테러 이후 소방관은 미국에서 가장 존경받는 사람들이 됐다. 사실 자신의 목숨을 던져 남을 구하는 일보다 더 존경받아야 할 일이 뭐가 있냐고 물어보면 대답이 궁해질 것이다. 이들이 받는 연봉이라야 몇만 달러가 고작일 것인데 남들보다 공을 빠르게 던진다고, 또 주주들이 문제를 삼을 만한 결점이 없다고 이들이 소방관들보다 수백 배 많은 가치를 사회에 기여했느냐는 의문일 수밖에 없다. 어떤 미국 골프선수가 했던 이야기가 기억난다. 그는 타이거 우즈의 등장 이후 골프대회의 상금이 크게 늘어나 수입이 늘어난 것에 대해 이야기를 하다가, "어차피 좋아하는 골프를 치면서 이렇게 어마어마한 돈을 벌다니 이건 정말 미친 짓이에요"라고 말하는 것이었다. 미친 면이 있지만 그렇다고 돈이 거기 있는데 줄 수 없다고 금지하지도 않는 것이 미국의 자본주의이다.

미국 의회선거에서 한 당이 다수당이 되면 소수당과의 차이가 얼마나 적건 간에 다수당의 의원이 각종 상임위원회의 위원장 자리를 독식한다. 얼마 차이도 나지 않는데 그래도 야당 몫으로 조금은 남겨 줘야 하지 않는가 하는 것은 미국적 사고가 아니다. 이긴 사람에 대해서는 승자에 합당한 권리를 행사하도록 허락해야 한다는 듯하다. 억울하면 다음 선거에서 이기면 되는 것이다.

앨런 그린스펀

물론 승자의 관대함 뒤에는 그들만의 합리적인 논리, 우리가 알면서도 실천을 못하는 당위성이 있는 것도 사실이다. 그린스펀의 예를 보자. FRB 의장의 임무는 무엇인가? 금리정책을 잘 입안해서 물가를 안정시키고 경제성장도 적정하게 유지하도록 하는 것이다. FRB 의장의 미국사회에 대한 효용은 그 임무를 잘하느냐에 따라 결정되는 것이다. 그 사람이 대통령과 개인적으로 아는 사람이냐 아니면 이번 인사에서 챙겨줘야 할 사람이냐, 이번 인사에서 빨리 나가주고 후배들에게 길을 내줘야 되지 않느냐는 중앙은행의 가장 중요한 고객인 국민에게는 엄밀히 말해 그다지 관심있는 일이 아니다. 그린스펀은 취임 이후 미국경제의 도약을 잘 이끌어 온 천재적인 경제학자라는 평가를 대체적으로 받고 있다. 미국사람들의 입장에서 보면 이런 뛰어난 능력을 갖춘 사람을 그저 오래했다는 이유로 교체할 필요가 없는 것이다. 대통령이 자기사람을 챙기려고, 또는 의장이 되고 싶은 관계나 학계 사람들의 개인적인 야망을 충족시켜 주려고 의장을 교체한다면 가장 중요한 국가이익이 희생될 수 있는 것이다. 이런 사람들에게 돈을 많이 주고 자신의 일을 더욱 열심히 할 동기를 제공하고 될 수 있는 한 오래 일하게 하는 것이야말로 사회에 대한 기여를 더욱 이끌어내는 방법일 수 있다. 물론 이런 논리가 통하려면 승자를 선정하는 과정이 공정하고 합리적이어야 한다는 전제가 있지만 그 부분은 이 책의 다른 부분에서 다시 다루기로 하겠다.

Mr. Capitalism

미국에서 'The Donald'라고 불릴 정도로 유명한 도널드가 있다. 도널드 트럼프라는 부동산개발 사업가이다. 트럼프만큼 큰 규모의 사업을 하는 사람은 많은데 유독 이 사람은 미국사람들에게 잘 알려져 있다. 그가 모델들과 잇따라 결혼하고 이혼을 하는가 하면 자신의 이름을 붙인 빌딩을 맨해튼에 짓다 보니 유명해진 것이 사실이다. 그는 자신을 포장해 남들에게 알리고 그것을 이용해 사업을 풀어가는 능력이 탁월한 사람으로 보인다. 하지만 그가 최근 들어 미국사람들에게 더욱 친숙해진 것은 The Apprentice라는 리얼리티 프로그램에 출연하면서부터이다.

이 프로그램에서 트럼프는 프로그램 응모자들에게 회사일과 관련된 과제를 내고 가장 만족스런 성과를 보인 한 명을 골라내는 역할을 한다. 승자는 트럼프가 운영하는 회사에 중역으로 근무할 수 있는 상을 받게 된다. 모든 리얼리티 프로그램과 마찬가지로 여기서도 매회 한 사람씩의 출연자가 탈락

도널드 트럼프

하게 된다. 이 프로그램은 트럼프라는 사람의 독특한 카리스마에 힘입어 NBC 방송에서 가장 인기 있는 리얼리티 프로그램으로 자리잡았다. 그런데 이 프로그램에서 트럼프를 결정적으로 뜨게 한 것은 그가 만들어 낸 유행어 때문이기도 하다. 이것이 또한 매우 미국적이다. 트럼프는 매 회마다 한 명씩 응모자를 집에 보낼 때 이 말을 한다. "You are fired!", 즉 "너 해고야!" 라는 말이다. 우리 정서로 볼 때는 누군가를 해고한다는 게 인정상 참 못할 짓일 법도 한데 미국사람들은 'The Donald'가 프로그램 끝에 이 말을 하기를 기대감 속에 기다린다.

CBS 저녁뉴스를 무려 24년간이나 진행한 미국의 대표적인 앵커맨 댄 래더가 은퇴를 선언했을 때이다. CBS, 특히 댄 래더가 너무 진보적이라고 비난하던 공화당 인사들 가운데는 그의 은퇴를 반기는 분위기가 있었다. 보수적인 색채가 강한 FOX News 역시 마찬가지였다. FOX의 한 프로그램에 트럼프가 초대됐다. 이 프로그램의 진행자는 같은 기자출신이었는데 래더가 앵커를 맡기 전 월터 크롱카이트가 진행할 때는 부동의 1위였던 CBS 뉴스가, 래더가 진행을 맡은 이후 3등으로 떨어진 이야기를 엉뚱하게도 부동산개발 사업가인 트럼프와 나누는 것이었다. 그러더니 마지막에 이렇게 묻는 것이었다. 당신이 CBS의 사장이었다면 래더에게 어떤 말을 했겠느냐고. 그리고는 트럼프의 대답을 기다리는 그의 눈에 비치던 야릇한 기대감이라니! 트럼프는 역시 그의 기대를 저버리지 않고 전매특허인 클로징을 날렸다. "Dan Rather, you are fired!" 경쟁사에 대한 FOX 방송의 무자비함이 놀랍기도 했지만 뒤에 남는 건, 미국사람들은 왜 이렇게 잔인한 말, "너 해고야!"를 좋아할까 하는 의문이었다. 그 대답은 앵커와 트럼프의 대화 속에 숨어 있다. 그건 래더가 앵커가 된 이후로 CBS 뉴스가 하향세를 이어왔고 그렇기 때문에 그는 진작에 해고됐어야 마땅하다는 것. 미국사회에서 결과를 내놓지 못하면 그 사람은 해고되는 게 당연하다. 미국은 그렇게 구성원들로부터 성과를 이끌어내고 그런 motivation을 앞서나가는 도구로 활용하는 사회인 것이다. 바로 사회의 그런 패러다임을 "You are fired!" 보다 간단하고 쉽게 표현한 말이 있을까? 트럼프가 그 말을 할 때마다 시청률이 올라가는 것도 무리가 아닌 것이다. 또 트럼프가 이런 사회의 패러다임을 상징하는 Mr. Capitalism의 이미지로 인기를 끌고 있는지 모른다.

MONEY MONEY MONEY MONEY, 돈 쓴 자의 권리

돈을 싫어하는 사람은 거의 없을 것이다. 따라서 돈에 대한 태도가 나라별로 다르다고 주장하기는 힘들다. 미국사람들이 한국사람보다 돈을 더 좋아한다고 할 수도 없고 그 반대도 성립하지는 않는다. 하지만 돈은 그 돈을 쓴 사람에게 어떤 권리를 부여한다고 믿는다는 데서는 한국사람과 미국사람 사이에 차이가 분명 있어 보인다.

최근 미국의 인구가 3억 명이 됐다고 한다. 그에 맞춰서 CNN에서 요즘 가장 인기 있는 미남 앵커, 앤더슨 쿠퍼가 진행하는 뉴스 프로그램이 인구 3억 시대의 미국을 조명한 적이 있다. 여기서 화제로 등장한 것이 미국에 히스패닉, 즉 중남미계 사람들이 늘어나면서 대두된 영어의 박대 문제였다. 요지는 이들이 너무 스페인 말을 많이 써서 언젠가 영어가 국어로서 위치를 위협받을 수도 있다는 것이었다. 이래 가지고야 미국이란 나라의 국가정체성을 어떻게 지킬 수 있겠는가 하는 것이었다. 이에 대해서 시청자들의 의견을 받았는데, 이 가운데 히스패닉으로 보이는 한 시청자가 보낸 이메일이 눈길을 끌었다. 그의 주장은 대략 이랬다. "실례합니다만 중남미계 이민들이 세금을 내고 있는 게 사실 아닙니까? 세금을 냈는데 우리가 무슨 말을 쓰건 도대체 무슨 상관입니까?" 세금, 즉 돈을 냈기 때문에 내게는 쓰고 싶은 말을 쓸 권리가 있다는 사고가 자리잡고 있는 것이다.

예를 들어 우리나라에 베트남 사람들이 많이 이민오기 시작해 베트남 말을 쓰기 시작한다면 당연히 한국말을 국어로 사용하길 요구하는 여론이 일 것이다. 누군가 우리도 세금을 내기 때문에 베트남 말을 써도 된다는 주장을 한다면 그런 주장은 너무 심하다는 반응을 대부분 일으킬 것이다. 하지만 미국은 다르다. 국어사용조차 세금, 즉 돈 문제와 연관시키고 있는 것이다. 이 히스패닉 이민자는 미국의 이런 속성을 재빨리 간파하고 자신의 권리를 주장한 것으로 보인다.

미국에서 특파원을 마치고 한국으로 귀임하는 길에 서부에 들러 가족들과 관광을 하고 돌아왔다. 로스앤젤레스 외곽에 있는 유니버설 스튜디오를 구경했는데 매표구 앞에 가자 두 가지 종류의 입장권을 파는 것이었다. 하나는 한 장에 59달러 하는 보통 입장권이었고 다른 하나는 거의 두 배인 백 달러 정도 하는 이른바 익스프레스 express 입장권이었다. 이 익스프레스 입장권을 사면 모든 놀이시설에서 줄을 설 필요 없이 옆에 따로 마련된 줄을 따라서 이용할 수 있다는 것이었다. 한국사람에게 아마도 이보다 더한 문화적 충격은 없을 것이다. 아니, 돈을 더 내면 합법적으로 새치기를 할 수 있다니… . 이제 한국으로 돌아가면 언제 또 오랴 싶어서 큰맘 먹고 익스프레스 입장권을 네 장 사들고 들어섰다. 아니나 다를까 미국 어딜 가든 서야 하는 줄이, 인기 있는 롤러코스터 앞에 어김없이 늘어서 있었다. 하지만 우리는 그 옆에 따로 마련된 텅 빈 통로를 따라 보통 입장권을 가진 사람들을 앞질러 갔다. 아이들은 자못 신이 난 표정이었고 아버지로서 체면이 서는 순간이었는데 보통 입장권을 산 사람들의 어떤 표정일까 꺼림칙한 마음이 들었다. 하지만 아무리 살펴봐도 옆줄 사람들의 얼굴에서 불쾌한 감정을 읽을 수는 없었다.

여기서 한국에서 이런 일이 있다고 한 번 가정해 보자. 가정이 잘 되지 않는다. 아마도 불평이 쏟아질 것이고 이건 또 다른 형태의 입장료 인상이라는 비판이 즉각 가해질 것이다. 실제로 성격 급한 한국사람들은 기다리기보다는 비싸더라도 익스프레스 입장권을 살 것이기 때문에 전반적인 인상효과가 날 것이다. 그러지 않는다 하더라도 보통 입장권을 산 사람들은 익스프레스 입장권을 갖고 유유히 걸어가는 사람들을 째려보고 익스프레스 입장권을 가진 사람들은 사람들대로 뒤통수가 간지러워 불편한 기분이 될 것이다. 이럴 때 우리가 쓰는 말 있지 않은가? 위화감. 절묘한 단어다. 하지만 미국에서는 디즈니월드 등 다른 유원지에서도 이 익스프레스 입장권 제도가 별다른 문제없이 시행되고 있다. 그들은 이렇게 말할 것이다. 돈을 냈는데 뭐가 문제란 말인가?

> 이런 면에서, 항공기에서 내는 돈에 따라 자리가 정해지는 관행은 매우 비한국적인 현상이다. 이는 항공기에는 외국사람들도 타고, 이렇게 좌석을 파는 관행이 워낙 국제적인 것이기에 한국에서조차 거부하기 힘들었기 때문일 것이다.

이런 태도는 사회 모든 분야에서 나타난다. 2005년 2월, 한 공화당계 기업인의 편지가 작은 뉴스가 된 적이 있다. 트럭회사를 운영하는 기업인인 애클리라는 사람이 부시 행정부의 한 장관에게 보낸 편지였는데, 여기서 그는 부시 대통령의 선거운동에 기부할 당시 자금 모금책으로부터 이 정도 내면 나중에 대사 자리 하나는 받을 것이라는 약속을 들었는데 왜 소식이 없냐며 불평을 하고 있었다. 선거자금을 많이 내면 대사도 한 자리 얻을 수 있는 것이 미국의 풍토라는 것을 어렵지 않게 짐작할 수 있는 편지였다. 하지만 이런 사실은 그다지 큰 스캔들이 되지도 않았고 사회 이슈화되지도 않았다. 물론 부시 진영에게 다소 거북스런 뉴스였음에는 틀림없지만 그것에 대해 엄청난 분노를 느끼는 사회분위기가 아니었다. 이런 분위기의 뒤에는 돈을 냈으니 뭐 그런 자리 하나 내줄 만도 하지 하는 인식이 자리잡고 있음은 물론이다. 우리 같으면 이건 매관매직이라며 야당의 엄청난 공격을 받았을 게 틀림없다. 하지만 미국은 그런 점에서 한국과는 분명히 다른 나라다.

정치와 돈에 대한 미국사람의 태도는 대통령선거에서도 잘 나타난다. 한마디로 미국에서 돈이 없으면 선거에서 이길 수 없다는 건 진리이다. 우리나라 경우에는 바람만 한 번 불면 돈 많이 안 쓰고도 자기보다 훨씬 돈 많이 쓴 상대를 이길 경우가 있지만 미국에서 그런 일은 일어나기 힘들다. 이길 가능성이 있는 사람에게 돈이 몰리는지 아니면 돈이 많은 사람이 이기는지는 인과관계를 따져봐야 하겠지만, 상원의원이나 대통령 같은 큰 선거에서 돈도 없는데 이기는 후보는 찾아보기 힘들다.

지난 2004년 대선 전초전인 민주당 경선 때였다. 나중에 결국 후보로 당선된 존 케리는 아이오와에서부터 파죽의 기세로 경선을 장악해 갔고 그때부터 돈이 케리로 몰려들었다. 다른 후보들은 힘이 떨어지기 시작했고 초반에 잘 나가던 하워드 딘 같은 후보들은 중도에 경선을 포기해야 했다. 이들 대부분이 경선을 포기할 수밖에 없었던 가장 직접적인 이유는 돈이 떨어졌다는 것이었다. 돈이 없기 때문에 선거본부에 있는 직업적 전략가들에게 봉급을 줄 수가 없고 무엇보다도 더 이상 광고를 할 수 없었던 것이다. 부시 대통령은 지난 선거에서 선거자금으로 무려 2억 7천만 달러를 모금했고 케리 민주당 후보는 2억 4천 5백만 달러를 모았다고 한다.

하지만 이 돈이 대선에 사용된 돈의 전부라고 생각하면 오산이다. 공화당과 민주당이, 그리고 부시나 케리를 지원하는 각종 이익단체들이 광고에만 1억 9천만 달러 가량을 썼다. 돈을 조금 더 많이 모금한 부시가 이긴 것은 우연의 일치라고 할 수도 있지만 여기서 중요한 건 미국에서 선거에 이기려면 상대보다 돈을 많이 써야 한다는 것이다. 돈을 이렇게 써가면서 이들이 하는 일이란 것이 결국은 투표에 필요한 정보를 제공하는 것보다는 대부분 상대에 대한 비방광고이다. 서로 깎아내리는 데 이 어마어마한 돈이 낭비되고 있는 것이다. 이런 풍토를 개탄하는 일부 목소리도 있다. 이에 따라 이를 규제하는 법을 만드는 움직임도 있지만, 창조적인 미국사람들이, 어떤 법을 만들건 구멍을 찾아낼 것은 자명한 일이다. 사실 이런 현상을 나서서 반대할 세력이 특별히 있는 것도 아니다. 정치인들은 돈이 가져다주는 편안함과 손쉬움에 중독되고 있고, 기부자들은 정치인의 영향력을 빌려 자신의 이익을 증진시킬 수 있다. 언론 역시 선거진영에서 쏟아 붓는 광고 덕에 매출걱정을 덜 수 있을 것이다. 민주, 공화 양당 말고는 존재하지 않다시피 하는 군소정당은 이런 걸 문제 삼기에는 너무나 영향력이 미미하다. 일반 국민들이 돈이 선거를 좌우하는 정치에 대해 느끼는 공분 역시 감지되지 않을 정도의 수준이다.

돈 쓰는 정치는 미국적인 것으로 정착되고 있다. 이 과정에서 돈을 대는 사람이나 단체와 정치인과의 합법적인 유착이 조장되는 것은 필연적인 부작용이다. 체니 부통령과 핼리버튼사, 부시 대통령과 석유회사들의 유착의혹이 제기되는 것도 미국 특유의 '정치와 돈' 문화에서 비롯된 것이라 할 수 있다. 일반적으로 부시 행정부의 정책은 선거자금을 대준 사람의 관점에서 보면 이해가 쉽다. 예를 들어, 중남미계 불법 이민자에 대한 부시 대통령의 포용적인 자세는 얼핏 이해가 안가는 부분이 많다. 지지세력인 백인 보수층들이 이를 매우 못마땅하게 여기고 있는데 왜 공화당 출신인 부시가 이를 포용하느냐가 궁금해지는 것이다. 하지만 이들 중남미계 사람들을 싼 임금을 주고 고용해 이익을 보는 것은 다름 아닌 기업들, 부시 대통령의 선거자금 기부자들이란 것을 생각하면 이민 포용정책의 의미가 명료해진다. 여기에는 인종차별주의자라는 인상을 주기 싫어하는 공화당 나름의 콤플렉스도 작용하고 있는 것으로 보인다.

자본주의와 민주주의는 혼용돼 사용되는 경우가 많다. 두 개념은 다른 것이지만 미국의 경우 자본주의는 민주주의이고 민주주의는 자본주의라 할 수 있다. 좋게 말해 자본주의 원리가 민주주의에 접목되고 있는 것이다. 국민은 자신의 이익에 맞는 정책을 내세우는 후보에게 선거자금을 대주고 그가 당선되도록 돕는다. 제일 좋은 정책을 갖고 있는 정치인이 돈자원을 가장 많이 배분받고 결국 당선된다는 것, 즉 돈을 낸 사람은 자신에 맞는 정책을 가진 대통령을 가질 권리가 있다는 것이다. 문제는 돈을 대는 사람들이 대부분 부자라는 것이다. 국가 전반에 좋은 정책보다는 돈이 많은 사람들에게 좋은 정책이 채택될 가능성이 그만큼 높아지는 것이다. 가뜩이나 신자유주의다 해서 빈부의 격차가 심해지고 있는데, 이런 정치풍토가 소득의 불균형을 고치는 데 도움이 될 것 같지는 않다.

우리나라 사람 입장에서 미국의 돈을 내는 사람에 대한 대접이 가장 극명하게 다가서는 건 아마도 기여입학제일 것이다. 돈을 내면 자식들이 하버드 같은 명문대학에도 들어갈 수 있다는 것은 우리에겐 충격이다. 반면 한국에서는 삼성그룹의 이건희 회장이 고려대학교에서 명예박사 학위를 받으려다 봉변을 당한 적이 있다. 돈을 낸 사람에 대한 대접이 말이 아닌 대표적인 예가 되겠다. 미국에서는 돈을 내는 사람에게 어디까지 권리가 주어지는가? 한국에서는 왜 이런 권리가 주어지지 않는가? 왜 한국에서는 비싼 입장권을 사고 express lane으로 갈 수 없는가? 비행기 이코노미석에 앉았을 때 우리가 느끼는 그 묘한 불쾌감의 정체는 무엇인가?

무엇이든 극단으로 가는 건 필연적으로 부작용을 낳는다. 돈을 낸 사람에게는 어느 정도의 권리가 주어지는 것인가? 미국은 이 분야에서 극단을 달리고 있다. 미국 선거의 광고전쟁화, 선거자금에 의한 정치판도의 결정 같은 것이 그 예일 것이다.

9·11과 미국과 한국

9 · 11은 하나의 돌발변수였다. 하지만 이 돌발변수는 오랫동안 잠재되고 성숙된 어떤 사회적 흐름보다 미국을 크게 바꾸고 말았다.

FOX News가 성공한 이유

지난 2004년 부시 대통령을 다음 공화당 대통령 후보로 추인하는 공화당 전당대회가 끝난 뒤였다. FOX NewsChannel을 보고 있었는데 여기 나온 진행자들이 상당히 흥분해 있었다. 공화당 전당대회 날 FOX 방송의 시청률이 엄청나게 높았던 것에 대해 자화자찬을 하고 있는 중이었다. 내용을 듣고 보니 그럴 만도 했다. 전당대회의 하이라이트인 부시 대통령의 후보 수락연설 부분에서 케이블 방송인 FOX NewsChannel이 주요 경쟁자인 CNN과 MSNBC를 이긴 것은 물론이고 공중파 방송인 NBC, ABC, CBS를 누르고 가장 많은 시청자를 끈 것이었다. FOX가 같은 케이블인 CNN을 누른 것은 그렇다 하더라도 FOX가 730만 명의 시청자를 끌어 공중파 가운데 1위였던 NBC의 590만을 손쉽게 이겨버린 것은 유례가 없는 일이었다. FOX NewsChannel은 당시 창립한 지가 불과 10년도 되지 않는 신생 뉴스전문 방송이었다. 유명한 언론재벌 루퍼트 머독이 세운 방송인데 이 방송에 대한 전반적인 평가는 보수색채가 강하다는 것이다. 미국도 다른 나라와 마찬가지로 방송이 한쪽으로 기우는 데 대한 비판여론이 있지만, 비판에도 불구하고 FOX는 계속적으로 CNN의 시청자층을 잠식해 미국에서 업계 1위 자리로 올라섰다. 특히 미국의 이라크 침공 당시에는 시청자들 사이에 선풍적인 인기를 끌면서 화제를 모으기도 했다.

그렇다면 보수적 색채의 FOX는 어떻게 이미 세계적인 성가를 올리고 있는 터줏대감 CNN을 누르고 창립 10년도 되지 않아 1위로 올라선 것일까? 객관적으로 봐도 FOX의 뉴스가 CNN보다 월등히 좋다고는 할 수 없다는 게 동종업계 종사자로서 솔직한 평가다. 세계 어느 호텔을 가나 투숙하면서 여기 CNN 나오느냐고 묻지, FOX 나오느냐고 묻지는 않는다. 미국이 아닌 다른 나라 사람들의 경우 FOX라는 뉴스 채널이 있다는 것 자체를 모르는 사람들도 많을 것이다.

그렇다면 왜 FOX는 유독 미국에서 인기가 좋은 것일까? 9 · 11 이후 보수화된 미국 시청자들의 성향과 FOX 뉴스의 성격이 절묘하게 맞아떨어진 것이라고 보는 것이 정확할 것이다. 바그다드 함락과 공화당 전당대회 같은 미국 보수의 결정적인 승리의 순간마다 FOX의 시청률이 높아졌다는 것은 우연이 아니다. 미국 시청자들은 공정하고 중도적인 뉴스보다는 자신들의 심정을 대변해 주고 뭔가 가려운 감정적 부위를 잘 긁어주는 그런 뉴스를 보고 싶어했는지 모른다. 글로벌한 정통 뉴스를 지향하는 CNN보다는 채널을 돌리면 상시 화면에 미국 국기가 휘날리고 테러리스트들에게 독설을 퍼붓는 빌 오라일리가 나오는 FOX 뉴스에서 만족감을 느꼈을 것이다.

FOX 뉴스의 특징은 진행자들이 뉴스 프로그램인데도 불구하고 자신의 의견을 매우 자주 제시한다는 것이다. 미국적이지 못한 것, 진보적인 것에 대한 비판이 많다. 있는 대로 말한다는 걸 내세워 때로는 독설 같은 말들을 쏟아낸다. 그리고 그런 '언론'은 분노를 어딘가 쏟아 붓고 싶어하는 시청자들에게 어필한다. 그런데 미국 시청자들에게는 최근 이런 분노가 많이 생겨난 듯하다. 그리고 그건 9 · 11과 무관해 보이지 않는다. 분노는 쏟아 부을 곳을 찾는다. 그런 것을 쏟아 부어 주는 언론이 있으면 당연히 인기를 끌 것이다. 이건 물론 미국만의 이야기는 아니다. 시청자나 독자의 막연한 현실에 대한 불만이나 분노를 이용해 장사하는 언론은 어디에나 있다.

문제는 그 분노가 제대로 쏟아 부어지고 있느냐는 것이다. 당연히 이 사건에 책임 있는 자에게 분노가 향해야 하고 그건 당연히 오사마 빈 라덴이어야 하지만 그는 잡히지 않는다. 결국 엉뚱하게 후세인에게 분노의 화살은 돌려졌다. 이 분노는 어찌나 컸던지 후세인이 9 · 11과 상관이 있다는 증거가 없는 것으로 밝혀진 뒤에도 부시는 대통령 재선에 성공한다. 이라크에서 미군들이 계속 죽고 성공할 희망이 없다는 게 좀더 확실해진 뒤에야 미국민은 중간선거에서 공화당을 버린다.

미국은 경보중

비교적 한가한 워싱턴의 오후. CNN에 갑자기 긴급속보 자막이 뜬다. 백악관 바로 앞에 있는 워싱턴 기념탑에 대한 테러 가능성이 있다는 첩보에 따라 경찰이 이 주변을 봉쇄했다는 것이다. 이 소식은 다른 뉴스들을 끊고 그 후로도 약 30분간 전해졌다. 하지만 이 소식을 바라보는 특파원들의 반응은 대부분 "또 시작했군" 식이다. 걸핏하면 어느 시설에 대한 테러 가능성이 있다는 뉴스가 나오기 때문이다. 결국 워싱턴 기념탑에 대한 테러 가능성은 누군가가 경찰서에 편지를 보냈기 때문인 것으로 밝혀졌고 아무 일도 일어나지 않았다. 단적으로 말해 장난편지 한 통이면 CNN이 긴급속보를 전하고 워싱턴 전체가 시끄러워지는 일이 일어날 수 있다는 것이다. 백악관이 있는 워싱턴과 9·11을 당했던 뉴욕은 이런 일이 비일비재하다.

2004년 대선중에는 유난히도 테러경보가 발령되는 일이 많았다. 민주당 일각에서는 선거를 앞두고 국민들에게 겁을 줘 부시 대통령에게 표를 던지도록 하려는 음모가 있다는 의혹을 제기할 정도였다. 우리 식으로 말하면 '테러風'이라는 것이다. 여기에 대한 미국사람들의 반응은 한국사람들 입장에서 보면 조금 놀라운 것이다. 뉴스에 인터뷰를 하는 많은 사람들이 이건 안전을 위한 조치이니 불편을 감수해야 한다고 말한다. 왜 이렇게 별것도 아닌 일 갖고서 사람을 못살게 구냐고 할 법도 한데 말이다. 다시는 9·11 같은 일을 당하고 싶지 않다는 그들의 의식 밑바닥이 엿보이는 대목이기도 하다. 실제로 공항에 가면 어디서나 겪는 보안검색대 앞의 기다란 줄도 미국사람들은 별다른 불평 없이 감내한다. 상대적으로 우리보다 덜 급한 성격 때문인지도 모른다. 나는 한동안 공항에 갈 때마다 무슨 이유에선지 보안검색에서 특별 검색대상으로 색출돼 집중적으로 수색을 당하는 바람에 기분이 무지무지하게 나빴고, 한동안 비행기가 타기 싫어졌던 적이 있었다. 그렇지만 외국인에 대한 지나친 차별이 아니냐고 불평할 수도 없는 것이 언젠가 그 유명한 에드워드 케네디 상원의원이 공항에서 검색에 걸려 곤욕을 치렀다는 뉴스를 본 적이 있다. 조금이라도 의심되는 첩보에도 온 나라가 비상상태에 빠지는 미국을 보노라면 오사마 빈 라덴과 9·11이 미국에 얼마나 큰 영향을 미쳤는가를 실감할 수 있다.

이런 영향이 공항 검색이나 뉴스케이블의 판도에만 국한되는 게 아님은 물론이다. 정치, 경제, 사회, 문화 모든 면에서 미국은 아직도 9·11의 직접적인 영향권에 있다. 그리고 미국에 미친 영향 대부분은 부정적인 방향으로 표출되고 있다. 문제는 이런 영향이 미국뿐 아니라 미국과 긴밀하게 상대하고 살아야 하는 다른 국가들에게도 미치고 있다는 데 있다.

넘쳐나는 영웅들과 한국

FOX의 공중파 채널에서는 24라는 드라마가 방영된다. 키퍼 서덜랜드라는 배우가 주인공으로 나오는데 이 사람은 매주마다 미국을 테러리스트로부터 구한다. 이 테러리스트들은 죽여도 죽여도 바퀴벌레처럼 어디선지 자꾸만 나오는데 미국은 거의 매번 아슬아슬하게 이들의 음모에서 큰 피해를 입지 않고 빠져 나온다. 24뿐만도 아니고 FOX뿐만도 아니다. 다른 채널 다른 프로그램에서도, 빈도는 차이가 있을지언정, 테러범들을 잡는 미국의 '용사'와 '영웅'들을 다루는 이야기는 흔해졌다. 테러범들은 매번 이슬람권 사람들로 할 경우 인종차별이란 말을 들을 수도 있고 관객들이 싫증낼까 봐선지 가끔, 이제는 세력이 약해진 공산권도 악역으로 등장하는데 북한이 여기에 안성맞춤인 것은 물론이다.

얼마 전에 개봉됐던 007 영화, Die Another Day는 좋은 예이다. 영국사람인 제임스 본드가 주인공이지만 할리우드 영화라고 봐야 할 것이다. 개봉 당시 한국사람들에게 거부반응을 일으켰던 것으로 기억한다. 이 영화의 줄거리는 살짝 미친 한 북한 장교가 만화 같은 기술을 이용해 영국 기업가로 얼굴을 바꿔 위성을 탈취한다는 것이었다. 이 장교는 탈취한 위성을 이용해 남한을 공격하는 데 사용하려고 하는데 007이 이를 저지하는 내용이었다.

24

007에 나오는 기술들이 대부분 만화 같고 그전에는 나도 재미있다고 본 전과도 있고 해서 이걸 갖고 뭐라 하지는 않겠다. 하지만 이 영화를 보면 미국사람들이 북한에 대해 매우 무지하다는 걸 느낄 수밖에 없다. 한마디로 이 북한군 장교, 문 대령을 이슬람권의 한 부유한 가정에서 자란 극단주의자 오사마 빈 라덴 같은 사람 로 바꿔치기 해야 얘기가 좀 맞아떨어진다는 것이다. 북한군 장교 문 대령은 하버드 대학 펜싱팀의 일원이었던 것으로 나오는데, 정보가 부족해선지 몰라도 북한군부 사람들이 자기 자식들을 하버드에 유학시킨다는 이야기를 들어본 적이 없다. 영화구성이 형편없는 것은 물론 죄도 아니고, 영화비평가도 아닌 내가 흥분할 일도 아니다. 하지만 상대에 대한 무지가 무서운 것은 그것이 오판을 낳을 수 있다는 것이다.

Team America라는 인형 애니메이션 영화가 있다. 미국의 비밀경찰들이 테러리스트들로부터 미국과 세계를 구한다는 영화다. 그런데 여기서 테러리스트의 두목은 김정일 국방위원장이다. 이들이 중동권에서 테러리스트들을 추적해 소탕했는데 알고 보니 이들의 배후는 김정일 위원장이었다는 것이다. 이 영화는 코미디로, 말도 안 되는 얘기를 자못 심각하게 함으로써 사람을 웃기는 류의 영화다. 그런 면에서 작품성이 있다고 할 수 있는 측면이 있기도 하다. 실제로 미국 내에서 영화평이 그리 나쁘지도 않았다. 문제는 미국사람의 관점에서 이슬람 극단주의자와 이슬람을 포함해 모든 종교를 적대시하는 공산주의 국가, 북한이 별다른 차이가 없는 것으로 묘사된다는 점이다. 그저 미국을 싫어하니까 이 공통점만으로도 서로 연합할 것이라는, 어찌 보면 매우 미국인 중심적인, 자신에 대한 과대망상적인 사고를 엿볼 수 있다.

끼워팔기가 무서운 것

이렇게 되다 보니 미국사람들이, 미국을 공격할 가능성이란 측면에서 이슬람 극단주의자나 북한 같은 공산권 국가가 비슷하다는 인상을 갖게 될까 우려하게 되는 때도 있다. 9 · 11 같은 사건을 일으키려면 미국에 대한 적의만으로는 부족하고 종교적 광기가 필요하다는 것이 개인적인 생각이다. 비행기를 납치해 자신도 죽고 수천 명의 죄 없는 사람을 함께 죽인다는 것은 이미 자신을 버린다는 것이 전제가 돼야 한다. 이런 짓을 지시하는 사람도 세속적 편안함과 목숨까지도 포기할 정도의 각오를 해야 한다. 그 사건이 일어나고 나면 세계의 유일한 슈퍼파워 미국이 전력을 다해 보복할 것이고 그로 인해 매우 어려운 처지에 처할 것이라는 것은 바보가 아니면 다 아는 일이다. 그럼에도 불구하고 그런 일을 저지르기 위해서는 어떤 광기가 필요한 것이다. 북한이 최악의 독재정권이란 것은 분명하지만 집권층에게 그런 광기까지 있는지는 사실 의심스러운 부분이 있다. 하지만 미국사람들에게 이슬람권의 극단주의자와 북한이 비슷한 부류의 인간들로 자꾸 묘사되는 것은 우리 입장에서 보면 불편한 일이 아닐 수 없다. 북한이 부당하게 묘사되는 것이 억울해서가 아니다. 이런 북한 끼워팔기가 우리에게 나쁜 영향을 미치지 않을까 우려되기 때문이다. 끼워팔기는 007 영화, 허구에서만 일어나는 것이 아니다.

부시 대통령은 9 · 11로 미국민의 공포와 분노가 극에 달했던 2002년 국정연설에서 북한을 이란, 이라크와 함께 악의 축으로 불렀다. 그러고는 부시 대통령이 별 증거도 없이 이라크는 미국을 침공할 가능성이 많다고 하자 미국민은 전혀 선제공격을 받지 않은 상태에서 극히 이례적으로 이라크를 선제공격하도록 선선히 허락했다. 양보해서, 이란과 이라크에는 알카에다처럼 종교적 극단주의자들이 있을 가능성이 있다 치고, 북한은 거기 왜 끼워 팔린 것일까? 9 · 11 이후 미국사람들은 미국에 피해를 줄 수 있는 모든 대상을 알카에다와 같은 반열에 올려놓고 의심하기 시작한 것 같다. 분노는 분출할 곳을 찾기 마련이고 두려움은 판단을 마비시킨다. 여하튼 상대에 대한 부정적 인식은 당연히 강경한 대응을 불러온다. 그런 의미에서 오사마 빈 라덴 때문에 큰 피해를 본 대상 중 하나는 한국의 햇볕정책이 아닌가 싶다. 미국을 공격할 수 있다고 의심되는 대상과 앉아서 협상하고 거래하는 것이 모두 허약한 짓이라는 생각을 하게 된 것이다. 그래서 알카에다가 혹시 또 미국을 공격해서 미국이 다시 충격에 빠진다면 북한은 또 어떻게 도매금으로 넘어가고, 그것은 한국에 어떤 영향을 미칠까 하는 시나리오 때문에 미국에 테러가 일어나지 말아야 할 텐데 … 하는 걱정을 해보기도 한다.

Macho, Macho, Macho Man

Clint Eastwood, The American Icon

중학교 시절 가장 열심히 본 영화 가운데 하나는 더티 해리 시리즈였다. 모든 종류의 폭력이 그저 일상업무일 뿐이란 표정의 클린트 이스트우드가 나오는 이 영화가 개봉되면 동네 극장으로 가서 꼭 봐야만 직성이 풀리고는 했다. 1971년에 나온 더티 해리 영화의 한 장면이다. 해리 캘러한 형사가 총격전 끝에 악당을 잡는다. 그에게 총부리를 겨누고는 캘러한이 묻는다.

> 네가 무슨 생각을 하는지 안다. “저 놈이 여섯 발을 다 쏘았을까.” 사실 말

하자면 나도 잘 모르겠다. 이 총은 세계에서 가장 강력한 권총인 매그넘 44이다. 내 머리를 날려 버리겠지, 넌 이 질문을 해봐야 해. 너 오늘 재수가 있는 날 같냐? Do you feel lucky? 그러면 한 번 뽑아 봐라, 인마.

결국 악당은 캘러한의 기세에 눌려 총을 뽑지 못하고 항복을 하고 만다. 돌아서서 가는 캘러한에게 악당이 묻는다. 총알이 있었는지 알려달라고 하자 캘러한은 다시 그에게 돌아서 총부리를 겨누고는 방아쇠를 당긴다. 총에는 탄환이 남아있지 않았다. 내가 본 영화나 드라마 가운데 이보다 마초스러운 장면은 기억나지 않는다. 물론 이렇게 대사를 글로 옮겨 놓고 나니 다소 과장되고 어색한 느낌이 드는 것도 사실이지만 이스트우드가 실제로 연기한 장면을 본 미국사람이면 누구나 이 장면을 기억한다. 수많은 더티 해리 영화 가운데 "Do you feel lucky?"는 가장 유명한 대사로 이후 수도 없이 패러디 다. 대학생 때이던가 내가 영화를 좋아하는 것을 아는 친구가 어떤 배우를 가장 좋아하느냐고 물었을 때, 나는 클린트 이스트우드라고 대답했다. 그러자 약간 뜨악해하는 반응이 왔다. 왜 이스트우드인가? 사실 이스트우드는 특별히 잘생겼다고 하기가 뭐한 배우이다. 얼굴은 늘 찡그리고 있고 그 덕에 눈은 미국사람으로 보기에는 너무 작아 보인다. 그는 영화에서 변변히 연애 한 번 하지 않는다. 이스트우드는 뒤늦게 매디슨 카운티의 다리에서 연애를 하지만 할아버지 할머니의 연애장면은 차라리 안 보는 게 나을 뻔했다는 생각이 들게 했다. 한마디로 이

배우는 한국사람들이 좋아하는 배우의 원형과는 거리가 있는 것 같다. 클라크 게이블이나 케리 그랜트, 알랭 들롱, 로버트 레드퍼드, 브래드 피트에 이르기까지 이런 사람들과 닮은 구석이 없는 것이다.

하지만 미국에서 이스트우드는 전성기 시절 그 어떤 배우들보다 흥행의 보증수표였다. 존 웨인의 뒤를 잇는 달러박스 스타였고, 성품이 기본적으로 선한 전형적 히어로가 아닌 안티 히어로이면서도 '남성스럽고 터프함'의 상징이 되는 데 성공한 배우였다. 이스트우드가 액션에서 은퇴한 지 한참이지만 그의 뒤를 이었다고 할 만한 '남자' 배우는 아직도 없는 듯하다. 미국에서 정말 돈을 많이 버는 영화는 애정영화가 아니고 액션영화다. 곱상하게 잘생긴 배우보다는 액션이 어울리는 배우, 마초 배우가 돈을 많이 벌어들인다. 우리나라의 경우 인기 있는 남자배우들이 대부분 수려하게 생긴 것과는 비교가 된다. 얼굴이 너무 잘생긴 것은 이런 영화에서 오히려 핸디캡일 수 있고 이를 보상하기 위해 잘생긴 배우들은 브래드 피트처럼 근육을 키운다. 하지만 이스트우드에겐 근육이 필요없다. 톰 크루즈의 애크러배틱acrobatic 하고 현란한 액션이나 슈워제네거의 압도적인 이두박근보다 이스트우드가 "Do

> 이스트우드가 감독으로서 '밀리언 달러 베이비'나 '용서받지 못한 자' 등 액션보다는 작품성 있는 영화를 만들어냈고, 아카데미 작품상과 감독상을 받는 등 예술인으로서도 성공한 사람이긴 하지만, 이스트우드의 살아있는 전설로서의 지위가 '더티 해리' 때문임은 두말할 나위가 없다.

you feel lucky?" 하는 한마디에 미국 관객들은 '빽'이 간다. 물론 잘생긴 배우들이 엄청난 인기를 누리는 것은 사실이지만 존 웨인이나 이스트우드처럼 영화배우를 넘어서 이른바 'iconic figure' 우상적 인물, 'larger than life' 현실에 존재하지 않는 듯한 지위로 상승하지는 못한다.

Macho President

남자가 사내답고 터프해 보이는 것은 대부분의 사회에서 미덕일 것이다. 하지만 어느 나라는 더욱 심한 경우가 있는데 미국이 그런 나라이다. 미국에서 마초란 어떤 의미를 갖는가? 대통령선거는 마초의 의미를 짐작할 수 있는 재미있는 사례이다. 미국인들은 대통령이 좀 마초스러워 보이길 원하는 듯하다. 지난 선거를 보자. 부시는 걸핏하면 텍사스에 있는 자신의 목장으로 휴가를 간다. 무슨 일이 있으면 청바지를 입고 카우보이 같은 특유의 어기적거리는 걸음으로 기다리고 있는 취재진들에게 걸어 나와 기자회견을 하곤 했다. 스스로도 자신의 걸음걸이를 'swagger' 으스대며 걷는 것라고 설명하기도 한다. 9 · 11 이후에는 "덤벼라" bring it on 같은 다소 유아적인 발언을 해서 놀림거리가 되기도 했지만 이 역시 강해 보이고 싶어하는 그의 단면이다. 그는 자기가 서부인 텍사스 출신이라는 점을 자주 강조한다. 그게 마치 남성다움의 한 증표라도 된다는 듯. 이라크 전에서 대규모 전투가 끝나갈 무렵

에는 비행기 조종사 옷을 입고 전투기 안에 탄 채로 항공모함에 내리기도 했다. 대통령이 이런 식으로 폼잡는 것을 좋아하고, 또 이런 것이 국민들에게 먹히기 때문이다.

비행기 조종사 옷을 입은 부시

이에 맞섰던 존 케리 상원의원도 이런 부시에게 지고 싶지 않았던 듯하다. 그는 민주당 전당대회에서 자신의 베트남전 참전경력을 강조하기 위해 "존 케리 신고합니다" 하며 경례를 하기도 했다. 물론 케리의 경우 그가 베트남에서 수행했던 업무가 실제로 매우 위험한 것이었다는 점에서 참전기피 의혹을 받는 부시와는 성격이 다를 수 있다. 어쨌거나 케리는 미국민들에게 자신이 터프가이라는 것을 각인시키고 싶어했다. 선거 막판에는 자신도 사냥을 한다는 점을 부각시키려고 사냥하는 장면을 언론에 공개하기도 했다. 터프 이미지를 선점했다고 믿고 있었던 부시 대통령의 참모장인 칼 로브가 케리의 사냥에 매우 민감하게 반응하면서 이를 비웃는 퍼포먼스를 했던 것을 본 적이 있다.

1988년 선거에서 민주당 후보로 나섰던 마이클 듀카키스는 자신도 터프하다는 걸 보여주기 위해 탱크에 올라탄 장면을 언론에 공개했다. 그런데 그가 자신의 머리보다 큰 헬멧을 쓴 장면이 매우 우스꽝스럽게 비치는 바람에 순식간에 놀림감이 돼 역풍을 맞기도 했다. 코미디언들이 때를 만난 듯 듀카키스를 놀려댔고 터프하지도 않은 사람이 '척'하다가 망신당했다는 이미지를 유권자들에게 남기고 말았다. 이후 듀카키스의 탱크 시승은 두고두고 대통령 후보들에게 해서는 안 되는 오誤시범의 상징이 됐다. 세계 최강국가인 미국의 대통령이 되기 위해 이런 유치한 일들을 하고 있는 것을 보고 있노라면 우습기도 하고 걱정스럽기도 하다.

듀카키스의 상대였던 아버지 부시도 선거 초반에 'wimp' 겁쟁이라는 대중 이미지 때문에 엄청난 고전을 했다. 사실 케리가 부시에 비해 터프하지 않다거나 아버지 부시가 'wimp'라고 사람들이 여긴 것은 실상과는 거리가 있는 오해로 봐야 할 것이다. 케리는 베트콩의 총알이 쏟아지는 메콩강을 쾌속정을 타고 누비는 극히 위험한 임무를 수행했다고 한다. 아버지 부시 역시 2차 대전 당시 전투기 조종사를 지낸 역전의 용사이다. 하지만 대선후보가 실제로 터프한가보다는 터프해 보이느냐가 선거전에서 중요한 것은 물론이다. 대통령들이 걸핏하면 야구경기에 나가 시구를 하기 좋아하는 것도 마초에 대한 미국민의 선망과 무관하지 않아 보인다. 한국사람들의 대통령이나 대통령 후보를 바라보는 관점과 비교하면 미국사람들의 마초에 대한 선망은 더욱 명료한 이미지로 다가선다.

참을 수 없는 마초하지 못함의 희극성

그렇다고 미국의 모든 남자가 마초할 수는 없다. 오히려 보통 남자들은 그렇지 못한 경우가 대부분일 것이다. 이스트우드는 현실에 존재하지 않기 때문에 더욱 우상적 위치를 차지했는지도 모른다. 미국영화나 드라마를 보면 마초하지 못한 남자들이 등장하는데 이들은 대부분 희극적으로 묘사된다. 남자답지 못한 것을 희극적으로 묘사하는 것은 한국도 마찬가지지만 미국의 경우 빈도가 상당히 높다는 게 다른 것 같다.

시트콤 시리즈 프렌즈Friends에는 매튜 패리라는 배우가 역할을 맡은 챈들러가 나온다. 이 시트콤에서 챈들러의 고민 중 하나는 많은 사람들이 자신을 동성연애자로, 즉 여성적인 남자로 안다는 것이다. 이 소재는 작가들이 여러 번 우려먹는데, 매번 폭소가 터져 나온다. 한 에피소드에서는 다른 남자 주인공들인 조이와 로스가 소파에서 서로에게 기대고 단잠을 자는 데 맛들이는 이야기가 나온다. 이들은 처음에는 이런 행위가 매우 마초스럽지 못하다는 데 주저하다가 잠이 너무 달아서 결국 유혹에 무너지고 만다. 그리고 결국은 둘이 서로 기대고 자는 모습을 다른 친구들에게 들키고 만다. 이들의 마초하지 못함에 시청자들은 폭소를 터뜨린다.

개인적으로 이 시트콤의 강점은 여기 나오는 배우들이 연기해내는 '친구들'의 인간성이 매우 따뜻해서 모난 구석이라고는 없다는 데 있다고 본다.

자연 남자친구 3명도 서로에게 친절하고 친근한 관계를 유지하는데, 이 관계에는 늘 약간의 호모포비아 동성애에 대한 공포감 가 존재한다. 그리고 이것은 계속적으로 웃음을 이끌어내는 한 소재로 활용된다.

남자답지 못함에 대한 비웃음은 다른 드라마나 광고에서도 자주 볼 수 있다. 한 피자 광고이다. 남자들이 텔레비전을 보면서 피자를 주문한다. 피자는 고기를 많이 얹은 제품이다. 고기를 많이 먹는다는 것도 하나의 남성다움의 상징이다. 벨이 울리고 정말 남자답게 생긴 사람이 피자를 받으러 나온다. 그리고는 돈을 내려는데 안에 있는 친구가 빨리 오라고 부른다. 여기가 반전이다. 홈쇼핑 채널에서 인형을 파는데 시간이 다 돼가니 빨리 돌아와서 사라는 것이다. 그러자 이 남자는 피자배달한 사람 눈치를 살피고 매우 창피해하면서 친구에게 버럭 소리를 지른다. 인형이 아니라 조각상이야!

반대로 남성다움은 상당한 관용의 관점에서 바라본다. 한때 미국 최고의 시트콤이었던 Everybody loves Raymond에 나오는 에피소드이다. 주인공인 레이먼드의 부인이 남편과 함께 결혼식 비디오를 보던 중 남편이 결혼식 비디오 위에다 뉴욕 자이언츠가 극적으로 우승한 슈퍼볼 경기를 녹화해버린 걸 발견한다. 당연히 아내는 노발대발 화를 냈고 난처한 지경에 빠진 레이먼드는 결국 다시 한 번 결혼식을 하는 것으로 위기를 모면한다는 내용이다. 여기서 레이먼드를 대하는 다른 사람들의 태도가 재미있다. 모두가 결혼식 비디오를 그렇게 만들었으니 참 한심한 녀석이라는 반응을 보인다. 하지만 시청자를 포함해 그 누구도 레이먼드의 행동을 진정으로 비판하지는 않는다. '뉴욕에 사는 남자라면 그 경기를 모두 잊지 못할 것이고 결혼식 비디오에 그 장면을 녹화했을 만하다'는 양해가 느껴지는 것이다. 남자라면 당연히 풋볼 팬이어야 한다. 이 에피소드의 마지막 장면은 결혼식을 마친 남자들이 결혼식 비디오를 덮은 슈퍼볼 경기를 보는 것이다.

실제로 미국에서 남자가 운동을 잘하는 것은 매우 중요한 일이다. 학교에 다니는 학생들이 공부를 잘하기보다 운동을 잘하는 것을 원할 정도이다. 운동을 잘하는 남자는 여자들에게 인기가 더 좋고 공부를 잘하는 학생들이 거꾸로 'nerd' 공부벌레라고 놀림을 받는 현상이 벌어진다. 미국에 있을 때 옆집에 살던 아들아이의 친구는 머리가 매우 좋아서 영재반에서 공부하는 아이였다. 한 번은 공부를 잘한다고 칭찬한 적이 있었다. 그러자 그 아이는 부담스러워하면서 자신은 nerd가 아니라 운동도 잘한다고 토를 달던 것이 기억난다. 미국영화를 보면 주인공인 nerd가 좋아하는 여학생은 늘 운동을 잘하는 'jock'의 차지인 것을 자주 본다.

이런 마초함의 상징적인 행동이나 습관에는 여러 가지가 있다. 카우보이처럼 걷는 것, "덤벼라"라고 말하는 것, 운동을 잘하는 것, 최소한 운동경기 보는 것을 좋아하는 것, 고기를 좋아하는 것, 동성애자가 아닌 것 등. 이런 것은 사실 매우 피상적인 것이고 진정한 남자다움과 아무 상관도 없는 것이다. 그리고 개인적으로는 이런 마초에 대한 표피적 선망을 경멸하는 미국인들도 많을 것이다. 하지만 합산하고 평균한 미국인의 의식에는 분명 마초를 향한 선망이 있다. 그 옛날 말보로 담배광고에 나오던 카우보이를 향한 ….

유럽이 아니다

피카소 대 로크웰

워싱턴 근무시절, 일을 마치고 집으로 가던 중이었다. 차 안에서 좋은 음악을 찾아 여기저기 주파수를 돌리던 중 한 DJ의 목소리가 귀를 잡았다. 음악 프로그램에서 왜 그림 이야기가 나왔는지는 기억이 나지 않지만 "I bet"으로 시작되는 그의 말은, 그러니까 노먼 로크웰의 그림이 피카소보다 훨씬 뛰어나다고 내기를 해도 좋다는 내용이었다. 그 말투에서 로크웰의 그림이 뛰어나다는 데 강조점이 있다기보다 피카소의 작품이 별것 아니라는 부정적 시각이 더 강하다는 것이 느껴졌다. 로크웰보다는 피카소가 훨씬 더 유명한 화가

인데 이런 말을 한다는 것 자체가 피카소에 대한 상당한 불만을 의미하는 것이었다. 나의 짧은 미술지식에도 마침 로크웰이 어떤 화가인가는 대충 알고 있었기에 이 말은 그저 단순한 미술적 논쟁으로 들리지는 않았다. 로크웰은 매우 대중적인 화풍을 지닌 화가로 대개 그의 그림은 미국사람들의 정다운 모습을 담고 있다. 이발소에서 할아버지가 머리를 깎고 있는 동안 손자들은 아이스크림을 빨면서 기다리고 있는, 그런 식의 풍경들이다. 우리나라로 치면 조선시대의 신윤복 같다고나 할까. 아주 미국적이고도 대중적인 그의 그림을 보고 있으면 미국은 참 아름다운 나라구나 하는 생각을 갖게 하기 때문에 그림이 너무 이상적이고 비현실적이라는 비판을 받기도 한다.

그렇다면 팝 음악을 트는 프로그램의 DJ가 왜 난데없이 피카소의 그림을 비판하고 나섰을까? 왜 로크웰의 그림 이야기가 튀어나온 것일까? 그건 프로그램의 성격이나 그 방송을 듣는 청취자층을 고려할 때 미술적 관심 때문은 아니었을 것이다. 거두절미하고 그 부분만 들었기 때문에 분명하지는 않지만 그보다는 일반적인 것에 대한 이야기이었을 것이다. 거기에는 피카소적인 것에 대한 그의 일반적인 혐오

사실은 로크웰이 누군인지를 알게 된 것도 AFKN을 통해서였다. 프로그램 중간중간 공익광고 비슷한 시간에 미국의 예술가에 대해 소개하는 코너가 있었다. 아마 미군에게 교양적인 면을 가르치기 위해서였던 것으로 보이는데, 미국의 유명한 사진가나 화가 등에 대해 1분 남짓 소개했던 것으로 기억한다. 로크웰이나 그랜드마 모세스처럼 미국적 예술가들을 소개하곤 했다.

같은 것이 있다고 하면 과민반응일까?

그렇다면 피카소적인 것은 무엇인가? 피카소는 추상화를 그렸고 유럽사람이다. 그건 유럽적인 것, 이른바 고상하다고 하는 sophisticated 것, 어려운 취향에 대한 경멸이었을 것이다. 미국은 청바지와 햄버거의 나라다. 물론 미국에도 피카소를 좋아하는 미술 애호가는 엄청나게 많을 것이다. 뉴욕의 MOMA Museum of Modern Art 에는 어마어마한 피카소 컬렉션이 있고 미국사람들이 줄을 지어 이 작품들을 보고 있다. 하지만 적어도, 미국 아닌 다른 어떤 나라에서도 음악 프로그램의 DJ가 누구나 공인하는 20세기 최고의 거장 피카소를 깎아 내리지는 않을 것이다. 왜냐하면 너무 뜬금없는 이야기처럼 들릴 수 있고, 그림을 모르는 사람에게도 그런 말은 무식하게 들리기 때문이다. 그럼에도 그가 이런 말을 할 수 있었던 것은 그의 청취자층에 그의 말에 동의하는 분위기가 있기 때문이다. 미국에서는 통하는 말이라는 것이다.

클린턴과 햄버거

유럽적인 것, '고상한 것', 귀족적인 것에 대한 반감 뒤에는 그 반대 것에 대한 애정이 자리잡고 있을 것이다. 클린턴 대통령은 많이 먹는 것으로 유명했다. 지금은 다이어트를 했는지 수술 때문인지, 살이 좀 빠진 것 같기도 한데, 현역시절에는 꽤 중량급 인사였던 것으로 기억한다. 특히 그가 햄버거와 프렌치프라이를 좋아하는 것은 유명했다. 사실 그가 심장수술을 받는다고 했을 때, 그럼 그렇지 그렇게 먹고 탈이 안 날 리가 있나 하는 것이 미국사람들의 반응이었다. 당시 토요일 밤에 하는 공개 코미디쇼인 Saturday Night Live 같은 프로그램에는 클린턴이 단골로 등장하곤 했다. 물론 배우가 클린턴 연기를 한 것이다. 나중에 아내에게 살해당해 뉴스가 된 적이 있는 필 하트먼이라는 코미디언이 클린턴 역을 주로 맡았었다. 여기서 클린턴은 조깅을 한다고 거리로 나서서는 맥도날드가 있는 곳마다 유권자들과 이야기를 한다는 핑계로 들어선다. 그리고는 정치 이야기를 하는 척하며 그들이 먹고 있던 햄버거와 프라이, 콜라를 빼앗아 먹는 것이다. 그 사람의 음식이 떨어지면 다시 다른 가게로 뛰어가고 그러면 경호원들은 그런 클린턴을 허겁지겁 쫓아가는 식이었다.

클린턴은 자타가 공인하는 천재적 정치인이다. 클린턴이 대통령직에서 물러날 때였는데, 영국의 한 뉴스는 클린턴을 엘비스 프레슬리와 비교하며 이토록 천재적인 정치인은 다시 나오기 힘들 것이라고 보도했었다. 그같이 머리가 좋고 정치적 센스가 뛰어난 사람이 단순히 자신이 즐긴다고 해서 대중 앞에서 햄버거를 먹지는 않았을 것이다. 그건 그가 국민들에게 자신은 햄버거를 좋아한다는 걸 보여주고 싶었기 때문일 것이다. 대통령이 햄버거를 좋아한다는 것은 미국사람들에게는 어떤 안도감을 주는 듯하다. 클린턴이란 사람이 아칸소의 그리 잘살지 못하는 가정에서 태어나기는 했지만, 그는 아이비리그에 옥스퍼드까지 수학한 상류층 사람이다. 하지만 대통령이 서민적인 것, 귀족적 취향을 갖지 않는 것은 미국사람들에게 매우 중요한 듯하다. 아들 부시 대통령도 선거기간중에 서민적 취향의 식당을 찾아 기자들과 이야기하는 장면을 공개하고는 했다. 반면 민주당 케리 후보는 귀족적이고 동부적인 취향 때문에 곧잘 구설수에 오르고는 했다. 스포츠도 윈드서핑이나 요트 같은 부자 스포츠를 좋아했고 기껏 한다는 것이 아이스하키였는데, 터프해 보이기는 하지만 이 역시 서민적인 취향이라고 볼 수는 없었다.

미국사람들이 대통령 후보를 평가할 때 곧잘 하는 질문이 있는데, "후보 가운데 누가 당신과 맥주를 한 잔 하면서 이야기를 나눌 것 같냐"는 식의 질문이다. 물론 미국의 최상류층 사람들인 이들이 보통사람들이 이용하는 싸구려 식당을 찾을 리도 없고, 여기서 그들과 이야기를 나눌 리도 없다. 맥주를 좋아할지도 의문이다. 사실 부시 대통령은 알코올 중독에서 벗어난 이후 술은 입에도 대지 않는다고 알려져 있다. 하지만 이건 바보 같은 질문이 아니다. 이 질문에 대한 답변에서 선택되는 후보는 거의 대통령으로 당선될 정도로 승패를 좌우하는 중요한 요인이 된다는 게, 얼마 안 되지만 대통령 선거들을 관찰해 본 나의 결론이다. 우스운 얘기지만 대통령 후보라면 고상해 보이지 않는 것이 중요하다. 클래식 음악이나 미술감상 같은 취미가 있다면 숨기는 게 좋을 것이다.

대중적 기호의 대량생산

미국의 주류는 유럽으로부터, 특히 영국으로부터 이주했다. 흔히 유럽과 미국은 뭉뚱그려 분류하기도 한다. 서구라고 하면 미국과 유럽을 포함한다. 그러나 미국민들은 이민 온 이후로 독자적인 문화를 형성했고 여러 면에서 유럽과는 다르다. 미국에는 유럽적인 것을 싫어하는 사람들이 많다. 유럽사람들은 잘난 체하고 고상한 척하고 하나님을 섬기지 않는다는 생각을 미국사람들은 하는 듯하다.

어렸을 적 알랭 들롱은 한국에서 매우 인기 있는 배우였다. 그림처럼 잘생긴 이 배우가 나오는 태양은 가득히나 암흑가의 두 사람 등은 한국에서 대박을 터뜨린 영화였을 것으로 짐작된다. 하지만 어렸을 적에 본 다른 프랑스 영화가 어땠느냐고 묻는다면 솔직히 이해가 가지 않는 영화가 많았다고 말할 수밖에 없다. 비극으로 끝나는 경우도 꽤 있었고, 알랭 들롱이 무슨 주식 중개인으로 나오는 영화였던 것으로 기억하는데, 끝이라는 자막이 올라오자 왜 영화를 하다 말고 끝내는가 하고 어리둥절해했던 기억도 난다. 그만큼 이해가 안 되고 '어려운' 영화들이 많았다. 좋아했던 프랑스 영화들이란 것이 대부분 태양은 가득히처럼 범죄를 소재로 한 것이나 장 폴 벨몽도가 나왔던 리오의 사나이 같은 코믹 액션영화였다. 그런 면에서 한국 영화팬들의 취향은 미국과 비슷한 면이 있는 듯싶다. 미국에서 이런 아리송한 프랑스 '예술영화'들은 인기를 끄는 것은 고사하고 개봉되는 일조차 별로 없다. 뤽 베송 같은 영화감독이 미국에서 히트작을 내기는 했지만 이건 프랑스 사람이 만든 할리우드식 영화였기 때문이다. 프랑스의 유럽적인 정서가 담긴 영화는 미국사람들에게는 인기가 없다. 유럽에서 온 사람들이 만든 나라에서 이런 현상은 상당히 재미있는 일이다. 미국이 앵글로색슨이 주류인 나라이어서 그럴 수도 있겠다. 여하튼 유럽사람들이 클래식한 고급취향의 문화를 아직도 고수하고 있다면, 미국사람들은 대중적인 기호를 대량생산해내는데 타고난 소질을 갖고 있는 듯하다. 할리우드의 블록버스터 영화들과 맥도날드 햄버거, 스타벅스 커피, 청바지는 세계의 소비문화를 휩쓸고 있다. 미국상품이 유럽상품보다 전 세계 사람들에게 어필하는 것은 단순히 그들의 막강한 자본력 때문만은 아닐 것이다.

하나님을 믿으십니까?

미국사람들이 유럽에 느끼는 이질감 가운데 중요한 부분은 종교와 관련이 있을 것이다. 미국은 전세계적으로 가장 종교적인 기독교적인 국가 가운데 하나이다. 종교적 자유를 찾아온 이민자들이 만든 나라답게 신에 대한 믿음이 강하다. 사실 물질문명과 자본주의가 극도로 발달한 미국 같은 나라에서 종교가 이렇게 큰 비중을 차지하고 있는 것은 독특한 일이라고 할 수 있다. 허리케인 카트리나, 골프 취재 등으로 미국 남부를 갈 기회가 몇 번 있었는데, 일요일 남부의 시골길을 운전하고 가노라면 교회 앞마당에 가득 찬 차들을 흔히 볼 수가 있다. 워싱턴 근교 우리집 이웃에는 매리라는 초로의 아주머니가 계셨는데 이 분은 한국의 조용기 목사 데이비드 조 에 대해 물어보고는 했었다. 반면 영국의 웨일즈에서 연수 당시, 처음에 놀랐던 것은 기독교사상 유명한 요한 웨슬리 같은 목회자가 태어난 나라에 기독교인이 별로 없다는 것이었다. 오래되고 장엄해 보이는 교회들은 있었지만 일요일에는 거의 비다시피 했다. 실제로 우리 가족이 살던 동네에서 일요일에 교회를 다니는 영국사람은 단 한 명도 없었던 것으로 기억한다.

미국은 사정이 완전히 다르다. 기독교, 특히 남부 중심의 이밴젤리컬 evangelical 이라고 불리는 교파들은 상당한 위치를 차지하고 있는데 정치적으로 막강한 영향력을 가질 정도이다. 지난 대선에서 부시 대통령이 이들의 지지에 힘입어 대통령이 된 것은 잘 알려져 있다. 감리교 신자인 부시 대통령은 스스로를 '본 어게인 크리스천 born again Christian'이라고 부른다. 유명 목사인 팻 로버트슨이나 제리 폴웰 같은 사람들은 종교인으로보다는 정치

미국 역시, 빌리 그레함같이 신도들을 상대로 직접 설교하고 목회하는 목사들은 특정 정당을 지지하는 걸 피한다. 신도들의 정치적 성향이 다를 경우 반발은 쉽게 예상할 수 있다.

인으로서 방송에 더 자주 출연한다. 목사가 특정 정당을 지지한다는 게 한국적 정서에서는 이해가 쉽게 가지 않는 부분이다. 목회보다는 주로 방송을 통해 활동하는 이들은 정치적 사안에 대해 자신의 의견을 말하고 기독교인들의 지지를 당부한다. 여기서 지지는 공화당에 대한 지지를 말한다. 교회에 나가는 교인들과는 달리 방송의 시청자들은 이들 목사의 정치적 주장이 맘에 들지 않을 경우 그저 다른 채널로 돌리면 그만이라는 논리인 듯하다. 이들은 학교에서 기도하도록 해야 하고 중절수술을 불법화해야 한다는 정치적 주장을, 기독교의 이름을 내세워 한다. 폴웰과 로버트슨은 공화당계 정치인이라고 해도 과언이 아닌데, 실제로 부시 대통령을 가끔 만나고 공개적으로 부시 대통령에 대한 지지를 호소하기도 한다.

이들은 기독교인뿐 아니라 유대계와 보수층에, 종교를 넘어서 강한 정치적 영향력을 갖고 있다. 현실에 일어나고 있는 일들에 대해 기독교적 해석을 하곤 하는데 많은 미국사람들이 이들의 의견을 경청한다. 물론 많은 경우 이들의 말은 논란을 불러일으킨다. 예를 들어 이들은 텔레비전으로 중계되는 일종의 선교방송을 통해 9·11은 이교도와 중절 찬성자, 동성애자, 진보적인 단체들 때문에 일어난 일이라고 주장했다. 팻 로버트슨의 경우 미국에 일어난 많은 비극들을 중절수술 등 미국에서 일어나고 있는 부도덕한 일에 대한 신의 징벌로 해석한다. 오사마 빈 라덴이 저지른 일이지만 이는 겉으로 나타나는 현상이고 근본적으로 신의 징벌이라는 논리인 것이다. 정치적 득실에 매우 집착하는 모습을 보이기도 한다. 허리케인 카트리나 때는 이제 사람들의 관심이 허리케인 피해자들에게 쏠릴 것이기 때문에 존 로버츠 대법관 지명자에 대한 청문회에서 민주당 상원의원들이 어려운 질문을 하지 않을 것이라고 말했다. 이어 한 말이 논란이 됐는데 "이번 비극이 로버츠 지명자에게는 득이 될 것이기 때문에 이에 감사해야 한다"고 말한 것이다. 보수진영은 로버츠가 대법원에서 중절수술에 대해 더 엄격한 기준을 제시할 것을 기대하고 있다.

우리나라 같으면 태풍 맞아서 열 받아 있는데 누가 태풍이 온 것에 대해 감사해야 한다고 말했다면, 그가 누구건간에 거의 정치적으로 매장된다고 봐야 할 것이다. 공개적으로 사과하고 현직에서 물러났을 것이다. 하지만 로버트슨은 아직도 굳건히 버티고 있다. 그건 물론 미국이 큰 나라라는 점이 작용하고 있다는 생각이다. 미국을 우리 관점에서 바라볼 때 가장 헷갈릴 수 있는 점이 이것이다. 한국의 경우 어떤 한 소재가 화제로 떠오르면 그것이 확대되고 검증되고 여론이 전파되고 하는 일이 순식간에 일어난다. 나라도 상대적으로 작고 더구나 인터넷까지 발달했기 때문인 듯하다. 초고속으로 온 나라가 누구를 칭송해 졸지에 영웅이 되고, 반대로 비난해 매장당하기도 한다. 역대 건교부 장관 가운데 추병직 씨보다 유명한 사람은 없을 것이다. 하지만 미국은 다르다. 누가 무슨 잘못을 했건 큰 일을 해냈건 간에 전 국민적 화제로 떠오르는 일은 드물다. 그 속도도 매우 더디다. 나라라기보다는 하나의 대륙인 것이다. 얘기가 또 샜다. 로버트슨이 별 타격 없이 아직도 보수 기독교층의 중요한 목소리로 활동하는 것은 미국이 큰 나라여서 로버트슨의 말을 망발로 여기는 분위기가 잘 확산되지 않는다는 점이 작용하고 있다. 하지만 거기에는 로버트슨의 말을 경청하고 실제로 드러내지는 않지만 속으로 동의하는 기독교인들이 많다는 데 있지 않을까?

이 같은 종교적 차이는 통계로도 잘 나타난다. 2005년 조사에 따르면 미국사람 가운데 신이 있다고 믿는 사람은 무려 92%에 달하며 5%만이 신이 없다고 생각한다. 반면 영국은 38%만이, 프랑스는 34%만이 신이 존재한다고 믿는다. 92 대 38 34. 미국과 유럽 간에 벌어져 있는 인식의 차이를 보여주는 숫자이다.

유럽이 싫다

자신과 다르다는 인식은 곧잘 그것에 대한 적의로 나타나기 마련이다. 적의의 대상에는 영국도 포함되긴 하지만 많은 경우 대륙 유럽을 대표하는 프랑스에 대한 것으로 표출된다.

극장에서 중고등학교 시절 본 코미디영화 중 가장 기억에 남는 영화는 피터 셀러스가 주연했던 핑크 팬더 시리즈였다. 셀러스의 천재적인 바보연기는 압권이었다. 그의 연기를 보면서 극장에서 거의 떼굴떼굴 굴렀었다. 그가 죽은 뒤 핑크 팬더 영화가 한동안 다시 만들어지지 않은 것도 무리는 아니다.

핑크 팬더의 한 장면

아무나 연기할 수 있는 007 시리즈와 비교되는 대목이다. 그런데 최근 스티브 마틴이 이 부담스런 클루소 경감 역을 맡아 핑크 팬더가 다시 만들어졌다. 물론 셀러스에는 못 미치지만 그런 대로 괜찮았다는 평가를 내려도 되겠다. 핑크 팬더 시리즈의 매력은 무엇일까? 그건 단연 주인공인 클루소의 바보스러움일 것이다. 멍청한데도 늘 운이 좋아 똑똑한 범인을 이기고 악당은 자신이 이런 바보에게 진다는 것에 어이없어 하는 스토리는 늘 웃음을 이끌어낸다. 주인공인 클루소의 바보스러움은 물론 가볍고 애정 어린 터치로 묘사된다. 하지만 여기서 넘길 수 없는 것은 왜 하필이면 바보 같은 클루소가 프랑스 사람이냐는 것이다. 바꿔 말해 클루소가 프랑스 사람이 아니었으면, 또 우스꽝스런 프랑스 말투로 영어를 하지 않았다면 미국사람들에게 그렇게 웃기게 느껴졌겠느냐는 것이다.

미국사람들의 프랑스에 대한 반감은 이라크 침공 당시 프랑스가 미국에게 등을 돌리기 이전부터 존재해 왔다. 프랑스 사람들이 미국을 문화적으로 뒤처지는 벼락부자라고 생각하듯이 미국사람들도 프랑스사람들이 괜히 고상한 척하기는 하지만 정작 세계는 미국이 움직인다는 묘한 우월감을 갖고 있는 듯하다. 이런 점에서 프랑스 사람이 영화의 주인공으로 나온다면 그는 전형적인 히어로 타입이 아니라 운이 좋아 악당을 물리치는 타입이어야 미국사람들에게 부담스럽지 않게 받아들여졌을 것이다. 미국사람들은 주인공조차 프랑스 사람이 아닌 피터 셀러스와 스티브 마틴, 영국과 미국인으로 캐스팅했다. 최근 만들어진 핑크 팬더 영화에서는 클루소가 미국을 방문하는 장면이 나온다. 클루소는 여기서 처음 미국 햄버거를 먹어보고는 너무나 맛있어서 거의 눈물을 흘린다. 별희한한 재료를 다 써서 만드는, 이른바 고급요리를 자랑하는 프랑스 사람들에 대한 풍자임은 말할 것도 없다. 피카소보다 로크웰이 더 낫다는 말과 틀이 같은 사고일 것이다. 그것 봐라 너희들이 음식으로 치지도 않는 우리 햄버거가 훨씬 맛있지, 어깨에서 힘 빼라 하는… .

미국 코미디 등에서 프랑스 사람은 대부분 불친절한 것으로 묘사된다. 특히 프랑스가 이라크 침공에 반대했을 때 프랑스에 대한 반감이 커져, 미국사람들이 즐겨 먹는 프렌치 프라이의 이름에서 '프렌치'를 빼야 한다는 말도 나왔다. 이런 반감은 엉뚱하게도 존

실제로 프랑스를 다녀온
많은 사람들이 그런 말을 하기도 한다.
직접 당해보지는 않았지만 프랑스 말이
아닌 영어로 길을 물어보면 영어를 할 줄
알면서도 무시한다는 흉흉한 소문도 있다.
덕분에 파리에 가서 길을 물어볼 때 잔뜩
위축돼서 영어로 물어봐야 했다.

케리 민주당 후보에게 튀기도 했는데 그건 케리가 프랑스 사람처럼 생겼다는 것이었다. 아마도 그의 높고 큰 코가 그런 인상을 주었을 것으로 생각된다. 케리의 반대자들은 이런 말을 하면서, 케리는 프랑스처럼 미국적인 것에 반대하는 자유주의자라는 인상을 주고 싶었을 것이다. 프랑스에 대한 반감은 프랑스사람처럼 생긴 것만으로도 후보에게 악재가 될 수 있는 상황을 만든 것이었다.

미국사람이 유럽문화에 대한 반감을 가졌듯이 유럽사람들도 미국에 대한 불만이 많다. 이라크 침공은 부시 대통령과 미국의 인기를 더욱 떨어뜨렸다. 하지만 유럽에서 부시는 이라크 침공 전부터 인기가 좋지 않았다. 유럽사람들의 부시에 대한 첫인상을 망친 것은 아마도 교토의정서 건이었을 것이다. 전임 대통령이 따르기로 했던 교토의정서를 부시가 대통령이 되자마자 거부한 것이었다. 유럽사람들의 반응은 분노였다. 커다란 자동차를 타면서 세계에서 환경을 가장 많이 오염시키는 나라의 국민들이 어떻게 이렇게 환경에 둔감할 수 있느냐는 것이었다. 교토의정서 건은 유럽사람들에게 미국 독단주의의 대표적 예로 인식되었다. '부시의 애견'이라는 치욕적 별명을 얻은 토니 블레어 영국총리조차 교토의정서를 저버린 부시의 정책에는 반대할 정도였다. 유럽의 경우 환경에 대한 걱정 때문에 교토의정서 문제를 놓고 여론이 들끓었지만 미국은 그렇지가 않다. 환경문제는 대선이나 의회선거에서 주요한 정치적 이슈였던 적이 없다. 한마디로 환경에 대한 관심이 별로 없다.

미국의 도로를 가면 어디서나, 혼자서 아무것도 싣지 않은 채 픽업트럭을

몰고 다니는 걸 볼 수 있다. 비싸고 기름 많이 드는 이 차를 왜 미국사람들이 좋아하는지는 또 다른 심리학 과제이겠다. 큰 차가 신분의 상징인 우리나라와는 또 다른 이유 때문에 미국인들은 큰 차를 사랑하는 듯하다. 잘살건 못살건 큰 차를 좋아한다. 8기통 가솔린 엔진에 배기량이 4천cc가 넘는 픽업트럭들의 경우, TV광고를 보면 곧잘 시골에 있는 저소득 근로자 계층의 드림카로 묘사된다. 남성 소비자들을 겨냥해 큰 엔진을 단 차를 몰고 다니는 것이 남성다운 것, 터프한 것, 마초스러운 것의 상징인 양 선전한다. 좀처럼 3천cc가 넘는 승용차를 발견하기 힘든 유럽과는 비교가 되는 부분이다. 미국인에게서 차와 관련해 환경에 대한 죄책감은 감지해 본 적이 없다. 선진국이니 좀 다르겠거니 하는 생각은 안타깝게도 환상에 불과하다. 환경을 위해 허머 hummer 차를 포기할 수는 없는 일인 것이다.

환경에 대한 무관심은 차에서만 나타나는 것이 아니다. 최근 미국을 갔다 온 사람이면 햄버거 체인점에 갔을 때 느끼는 것이 있는데, 이들이 전혀 분리수거를 하지 않는다는 것이다. 일회용 용기를 회수하기 위한 어떤 조치도 취하지 않는다. 그저 먹은 것을 한꺼번에 쓰레기통에 집어넣기만 하면 된다. 그러면 조금 있다 종업원이 비닐주머니에 쓰레기를 대강 쑤셔넣어 버린다. 한국에서 분리수거를 하면서 어느새 환경에 대한 애정?이 조금 생긴 한국사람들로서는 처음에는 조금 화가 나기까지 한다. 미국에서 분리수거를 하지 않는 것은, 쓰레기 가져다버릴 땅은 많고 이걸 일일이 분리수거해 봐야 재활용하는 데 인건비만 더 든다는 경제적 계산 때문일 것이다. 미국 어느 프랜차이즈 식당을 가나 이들은 엄청난 양의 일회용품을 재활용하지 않고 버리는 것을 볼 수 있다. 이건 보통 가정집이나 회사에서도 마찬가지이다. 주요 정치인 가운데는 대통령 후보였던 앨 고어가 환경에 관심을 보이고 있지만 이는 매우 특수한 경우이다. 오히려 미국에서 환경에 대한 문제는 보수냐 진보냐 하는 문제로 절묘하게 변질된다.

우리가 사는 지구가 어떻게 될 것이냐는 정치적으로 '보수냐 진보냐'와 논리적으로는 상관이 없어야 한다. 정치적으로는 보수라도 환경공해가 지구의 재앙을 가져올 수 있다는 과학적 가능성을 믿는다면 환경론자가 될 수 있는 것이고, 진보주의자라도 이런 가능성이 과장된 것이라고 믿는다면 환경론자들을 지나친 걱정쟁이들이라고 비판할 수 있어야 한다. 하지만 미국 현실정치에서 환경보호론은 많은 경우 급진적인 진보론자, 유럽적인 자유주의자들의 지적 허영으로 간주되는 듯하다.

Every Man For Himself

몇 년 전 덴젤 워싱턴이 주연한 존 큐라는 영화가 개봉된 적이 있다. 이 영화에서 주인공은 병원에서 인질극을 벌이는데, 그 이유가 다소 황당하다. 주인공의 아들이 심장수술을 받아야 살 수 있는데 의료보험의 혜택을 받지 못해 속수무책으로 아들이 죽어가는 것을 볼 수밖에 없다는 것이었다. 결국 주인공은 아들이 수술을 받기 위해 병원에서 인질극을 벌인다는 내용이었다. 잘 못 만든 영화라서 별로 성공은 하지 못했던 것으로 기억되는데, 비평가들은 이 영화를 평가절하하면서도 이 영화가 주장하는 하나의 메시지에는 대개 동의했다.

이건 미국사람들이 가끔 하는 말인데, "세계 역사상 가장 부유한 나라가 제대로 된 의료보험제도가 없다는 것은 말이 안 된다"는 것이다. 세계에서 가장 부자나라인 미국에는 한국 같은 국가적 의료보험제도가 없다. 돈이 없는 사람들은 아프면 어떻게 치료를 받는가부터 걱정해야 하는 것이다. 정치인들, 특히 민주당 정치인들의 경우, 이 상황을 어떻게 해보기 위해 노력한 적도 있지만 대개는 실패하고 만다. 아픈 아이들이 치료비 걱정 때문에 제대로 치료를 받지 못하는 가슴 아픈 일들이 일어나고 있지만 이런 시도들이 번번이 실패로 돌아가는 데는 이유가 있을 법하다. 미국에 돈이 없어서 의료보험이 없다고는 할 수 없기 때문이다.

기본적으로 의료보험은 성격상 자본주의적 제도라고는 할 수 없다. 사회주의적 성격이 강한 것이다. 누가 아플지 모르니 십시일반으로 돈을 내서 아픈 사람을 치료해 주자는 것인

힐러리 클린턴이 퍼스트 레이디 시절, 의료보험제도에 대해 민주당 정치인들과 비슷한 일을 시도했다 쓰라린 현실정치의 벽을 맛본 적이 있다. 이 당시의 실패가 준 이미지 손상이 정치인 힐러리에게는 아직까지도 타격이 되고 있다.

데, 돈을 많이 버는 사람은 아플 확률이 더 큰 것도 아닌데도 보험료를 더 많이 내야 한다. 일종의 누진세와 비슷한 것이다. 자본주의의 극단을 달리는 미국에서 이런 개념이 인기가 있을 리 없다. 지금 내는 세금도 더 줄여야 한다고 아우성인 형국인데.

유럽과 미국을 비교하는 부분에서 의료보험 얘기를 꺼내는 것은 사회적 약자에 대한 유럽과 미국의 시각이 다르다는 것을 말하기 위해서다. 미국사람들이 듣기에 기분 나쁘겠고 반론도 제기하겠지만, 전반적으로 볼 때 유럽이 미국보다는 사회적 약자에 대한 동정심이 강하다. 지금도 나와 가족들은 영국에 대해 좋은 기억들을 많이 갖고 있다. 카디프 대학의 저널리즘 석사과정에서 1년간 연수하던 시절의 일이다. 영국에 도착하자마자 해야 하는 일 가운데 하나는 가족들의 주치의를 정하는 일이었다. 영국에 간 지 얼마 되지 않아 아이들에게 피부병이 생겨 동네에 있던 주치의를 찾아갔는데 치료를 받고는 놀랄 수밖에 없었다. 아이들에게는 돈을 받지 않는다는 것이었다. 치료비뿐 아니라 약값까지 공짜였다. 나중에 안 일이지만 아이들에게는 치과치료와 안경까지 공짜였다. 이런 사정이 웨일즈냐 잉글랜드냐에 따라 조금씩은 다르겠지만 아이들에 관한 이들의 관대함은 인상적인 것이었다. 당시 회사에 계속 적을 유지한 채로 공부하고 있었지만 영국의 입장에서 보면 나는 수입이 없는 학생신분이었다. 그런 가정의 아이들에게 치료비를 받을 수 없다는 듯했다. 내가 영국인이 아닌 것은 상관이 없었다. 영국국민에 대한 의료서비스를 담당하는 National Health Service NHS 홈페이지에 들어가 '환영합니다'를 클릭하면 한글로 된 안내사이트로 들어갈 수 있다. 물론 NHS의 혜택을 받아 수술을 받으려면 줄이 길게 늘어서 있어 불평이 나오는 것도 사실이고, 그래서 돈이 있거나 수술을 기다릴 수 없는 사람들은 개인 돈을 내서 치료받는 일이 있기도 하다. 하지만 NHS는, 영국 국민은 돈이 없어서 치료를 받지 못하는 일은 없다는 영국사람들 자부심의 상징이기도 하다. 또 이들이 미국을 이해하지 못할 나라라고 말할 때 가장 먼저 예를 드는 것 중 하나도, 왜 세계 최강대국이 국민의 건강을 제대로 건사하지 못하느냐는 것이다.

이런 약자에 대한 관심은 자국 국민들에게만 국한되는 것은 아니다. 동남아에 쓰나미가 발생했을 때 영국국민들의 폭발적 구호물결은 기사화될 정도였다. 독일과 영국 등이 초기부터 다른 나라에 비해 보다 적극적으로 구호에 나섰다고 할 수 있다. 무려 천만 달러를 기부해 화제를 모았던 자동차경주 선수 미하엘 슈마허도 독일사람이다. 재난 기부금을 가지고 누가 적게 냈다, 많이 냈다 계산한다는 것이 부적절한 면이 있고, 우리나라도 그리 많이 내지는 않았기 때문에 지적하기가 뭐하지만, 미국정부는 처음에 1천 5백만 달러를 낸다고 했다가 비판을 받자 3천 5백만 달러, 다시 3억 5천만 달러로 구호금을 올리며 체면을 구기기도 했다. 당시 유엔의 한 고위관료가 미국을 겨냥해 '인색하다'고 비난해 미국의 보수층으로부터 반발을 사기도 했다. OECD 등에서 나오는 각종 자료에 따르면 미국이 후진국들에게 세계에서 가장 많은 공여를 하는 것은 사실이다. 하지만 국내 총생산이나 인구수라는 요소를 고려하면 미국은 늘 선진국들 가운데 중하위권으로 처지고 만다. 노르웨이나 스웨덴, 영국 등 유럽국가들이 상위권을 차지하는 것은 물론이다.

미국의 의료시스템을 비판할 때 하는 말이 'every man for himself'이다. 배가 난파됐을 때와 같은 위급상황에 외치는 말로, 네 생명은 네가 알아서 구하라는 것이다. 'every man for himself'는 의료시스템이나 약자에 대한 관심뿐 아니라 미국사회 전반에 퍼져 있는 의식이기도 하다.

선진국 맞아?

15년 만에 찾은 미국

미국에서 공부를 했던 것은 1986년에서 1988년까지였다. 그리고 15년 만인 2003년에 다시, 직장인으로서 특파원으로 일하기 위해 미국을 찾게 됐다. 미국이란 나라가 낯설지는 않았지만 미국도, 한국도, 나도 바뀌어 있었기에 미국이 주는 느낌은 15년 전과는 달랐다. 여기서 다르다는 것에는 여러 의미가 있겠지만 적어도 첫인상만큼은 그리 좋은 것이 아니었다.

설레는 마음을 안고 가족들과 함께 워싱턴 덜레스 공항에 도착했다. 비교적 간단한 입국심사를 받고 미리 계약한 집에 들어가 본격적으로 정착에 들어갔다. 미국에서 살면서 가장 필요한 것 가운데 하나가 사회보장카드social security card를 받는 것이다. 9·11 이후 이것을 받는 절차가 상당히 복잡해지기는 했지만, 특파원에 해당하는 I 비자를 받은 사람은 다행히 이 카드를 받을 수 있었다.

이 카드가 없으면 사실 은행계좌 열기조차 힘들고 모든 금융거래 등에서 불편하기 짝이 없다. 그래서 이 카드를 받기 위해 해당관공서 민원실로 갔는데, 나에게는 카드를 발급해 줄 수 없다는 말을 들었다. 이유는 공항 이민국에서 찍어주는 조그만 입국카드에 내가 I 비자를 가졌음을 명시해 주는 글자가 이상하다는 것이었다. 살펴보니, 처음에는 직원이 B, 즉 관광비자로 글씨를 썼다가 자신의 실수를 알고는 B 글자를 지운 뒤 I 라고 다시 쓴 자국이 있었다. 누가 지우고 다시 썼는지 어떻게 아느냐는 것이었다. 당시 기억하기로는 담당 이민국 직원이 어디 가는 것이 급했던지 내 서류를 서둘러 처리하고는 퇴근했는데 그 때문에 실수가 생겼던 것 같다. 그렇다 하더라도 말이 되지 않는 게, 여권에 입국카드와 함께 있는 비자를 보면, 미국대사관이 I 비자를 내준 것은 누가 봐도 너무나도 분명했다. 따라서 나에게는, I 비자 소지자로서 사회보장카드를 받을 자격이 충분히 있었다. 사실 이민국 직원은 비자에 찍힌 I를 보고 입국카드에 I라고 기재하기 때문에, 비자야말로 내가 특파원 신분임을 미국정부가 증명하는 보다 권위있는 문서임은 말할 것도 없다. 내가 직원에게 이 점을 지적해도, 자신은 입국카드만 보도록 지시받았기 때문에 막무가내로 안 된다는 것이었다. 이들은 내가 이민국을 찾아가 깨끗한 입국카드를 받아와야만 사회보장카드를 줄 수 있다고 못박았다.

여기서부터 사회보장카드를 받기 위한 나의 고난은 시작됐다. 우선 집 근처에 있는 이민국 사무실을 찾아야 했다. 전화번호부를 봤지만, 세상에, 동네에 있는 관공서의 담당부서 전화번호가 나와 있지 않았다. 겨우 알아낸 것이 자동응답 전화번호였는데, 여기서 이 숫자 저 숫자를 누르니 전 미국을 총괄하는 센터의 전화안내원이 대답했다. 그런데 이 안내원과 통화를 하기 위해 거의 30분 가량 수화기를 들고 기다려야 했다. 이 복잡한 사정을 얘기하자 워싱턴 외곽에 있는 한 사무소를 가르쳐 줬다. 나는 이 사무소로 전화해 담당자가 누군지 알아보고 싶었지만, 누가 담당자인지 아는 사람도 없었고 담당자의 전화번호를 알아낼 방법이 없었다.

기본적으로, 미국에서는 관공서 담당자와 통화할 수가 없다. 늘 자동응답기가 대신 받고, 대화는 중앙본부에서 전문적으로 전화받는 상담원과 얘기할 수밖에 없다. 할 수 없이 사무소로 직접 찾아가서 무작정 누가 담당자냐고 묻자 직원이 마침 휴가를 갔다고 한다. 결국 아무 소득 없이 집으로 돌아와 그 사람이 휴가에서 돌아오기만을 기다려야 했다. 그 사람이 돌아온다는 날 다시 사무소를 찾았다. 어렵게 찾아간 그 직원이 한 답변은 자기 일이 아니라는 것. 더 황당한 것은 그 사무소에 어떻게 하면 새로 입국카드를 받을 수 있는지 아는 사람이 없다는 것이었다. 이런 일이 처음이어서 잘 모르겠다는 반응이었다. 열 받고 고통스런 이야기를 짧게 줄이자면, 나는 한 달이 넘게 고생하다 결국은 처음에 글자를 잘못 쓴 직원이 일하는 사무실로 직접 찾아가서 다시 입국카드를 받을 수 있었다. 그 과정에서 느낀 불편이나 울화는 이루 말할 수가 없다. 당시 느꼈던 것이 미국 이민국 한 번만 왔다 가면 반미주의자 저절로 되겠다는 것이었다.

개인적이고 별 재미도 없는 일화를 길게 쓴 것은 미국의 후진성에 대해 말하고 싶었기 때문이다. 사실 미국 이민국과 관련된 황당한 얘기는 이것뿐이 아니다. 나중에는, 다른 나라에 출국했다가 또 사무착오로 비행기를 갈아타지 못하고 온 가족이 공항에서 밤을 새운 일이 있기도 했고…. 인상적인 것은 이민국 직원이 우리가 비행기를 놓치게 됐는데도 여기에 대해 전혀 미안해하는 기색이 없었다는 것이다. 그는 끝까지 고압적 자세를 유지하는 일관성을 보여줬고, 그래도 우리는 이 친구에게 잘못 보이면 입국이 거부될 수 있다는 걱정 때문에 아무 말도 하지 못했다. 나중에는 미국을 나갔다가 돌아오는 것에 대해 약간의 공포감이 생기게 될 정도였다.

15년 만에 다시 살게 된 미국은 불편한 점이 많은 나라였다. 한국 같으면 상상도 할 수 없는 비효율성이 너무나도 자주 발견됐다. 그건 단순히 인터넷이나 정보통신망의 낙후 때문만도 아닌 듯하다. 한국에서 담당자와 합리적인 대화를 통해 해결할 수 있는 문제도 미국에서는 해결하는 데 너무나 많은 시간과 노력이 필요했다. 특히 미국 행정서비스의 낙후성은 인상적이었다. 한국에 돌아와 입주신고를 하기 위해 찾은 우리나라 동사무소에서는 상쾌함마저 느꼈다. 우선 줄을 길게 서지 않아도 됐고, 친절하고 담당업무를 잘 아는 공무원이 안내하는 가운데 한 번에 모든 것을 해결할 수 있었다. 무엇보다 모르는 게 있으면 담당자와 얘기를 나눌 수가 있는 것이 좋았다. 그러나 미국에 살려면 ARS를 이용하는 것에 익숙해져야 한다.

내가 살던 버지니아의 경우도, 아마도 인건비 때문인 것으로 보이는데, 담당자와 통화할 수 있는 경우는 없고 거의 모든 상담은 ARS를 통해 이뤄진다. 수도회사건 전기회사건 가스회사건 다 마찬가지이다. 이 상담원 연결조차, 요새는 인건비를 아낀다고 인도같이 영어 인프라가 돼 있고 인건비가 싼 곳으로 돌리고 있어 불편을 더한다. ARS를 아예 인도로 돌려서 인도 교환원이 받는 것인데, 훈련이 제대로 안 된 경우도 많고, 우리 같은 외국사람들은 이들의 발음을 알아듣기가 힘들기 때문이다. 아무튼 이런 상담원이라도 그와 통화하기 위해서는 인내를 가지고 수십 분은 수화기를 든 채 기다려야 한다. 이때 가장 귀에 거슬리는 말은 기다리는 동안 들어야 하는 녹음된 메시지인데, "우리는 당신이 우리회사의 고객이 된 것을 매우 귀중하게 여깁니다. 조금만 기다려 주십시오"라는 말이다. 통화가 되더라도 자기 소관이 아니라면서 여기저기 넘기는 일이 많다. 재미있는 것은 이들과 일단 통화가 되면 상담원이 매우 자세하게 시간을 들여 안내해 준다는 것이다.

고객에게 오늘 서비스가 만족스러웠느냐고 묻기도 하는데, 아마도 불평이 있으면 다음 고용 여부와 관련이 있기 때문인 듯싶다. 전화를 끊고 생각하게 되는 건, 참 친절하구나 하는 것보다는 이렇게 한 사람을 붙잡고 오래 있으니 내가 이렇게 오래 기다릴 수밖에 없었지 하는 깨달음이다. 왜 질문을 하면 미리 준비했다가 빨리빨리 대답하고 다음 사람 전화를 받지 못하느냐는 것이다.

기계가 시키는 대로 번호를 누르다가 울화가 치미는 것은 성질 급한 우리나라 사람만이 아니다. 미국사람도 마찬가지이다. 이 소재는 광고에도 자주 등장한다. 어느 통근자가 휴대전화를 붙잡고 수십 분 동안 번호를 누르면서 기다려 막 상담원과 연결되려는 판에, 타고 있던 기차가 터널 안으로 들어가고 전화가 끊겨 통근자는 절망한다는 식이다. 한마디로 모든 것에 시간이 많이 걸린다.

한국슈퍼가 좋은 이유

워싱턴 근교에는 한국교민들이 이용하는 슈퍼마켓이 많다. 한국 경제성장과 교민들의 소득증가 덕에 시설도 매우 훌륭하다. 하지만 무엇보다 맘에 드는 것은 단연 서비스이다. 미국의 보통 슈퍼에 가면 계산대 앞에 줄이 늘어서 있기 마련이다. 인건비를 아끼기 위해 직원을 적게 쓰다 보니 그럴 수밖에 없는 듯하다. 반면 한국 슈퍼에는 대부분의 경우 직원들이 넉넉하게 배치돼 있다. 이곳의 줄이 짧은 이유는 하나 더 있다. 한국인 직원들이 물건을 챙겨서 바코드를 읽히고 돈을 계산하는 것을 보고 있으면 체증이 내려가는 듯한 기분을 느낀다. 기계처럼 빠르게 움직이는 손끝을 보노라면, 잠시 여기가 미국이란 것을 잊기도 한다. 속이 터지게 느린 미국사람들과는 다른 것이다.

미국 슈퍼의 경우 전직이 잦은 탓인지 초보점원이 많은데 이들의 경우, 계산을 하다가 기계작동에 모르는 게 있으면 고객을 놔두고 책임자 찾으러 매장을 헤맨다. 하지만 한국점원들은 일단 모르는 경우가 별로 없다. 한국사람들이 미국 가서도 한국사람들이 운영하는 업소들만 이용하는 것을 두고 현지화되지 않아서라고 보는 시각이 있지만, 이들의 서비스가 빠른 때문인 것도 무시할 수는 없다. 한국의 빨리빨리 문화에 대한 비판은 지나치게 자기비하적인 측면이 있다. 예전에야 한국사람들이 빠르기는 한데 일을 꼼꼼히는 못한다는 얘기를 했지만, 요즘은 일을 꼼꼼히 못한다는 말을 할 수도 없다. 한국슈퍼에서 나에게 사지도 않은 물건값을 청구했던 적은 없었다.

한국이 달라진 것

정착과정에서 느꼈던 이런저런 미국의 후진성을 교포가정에 초대받았을 때 얘기한 적이 있다. 그런데 반응이 이상했다. 내가 마치 무슨 반미주의자라도 되는 양, 내 생각에 동의하는 기색이 전혀 없었다. 그 후로도 몇 번 교포들을 만나 자연 한국과 미국이란 주제를 놓고 얘기할 기회가 있었지만 이들의 반응은 대부분 비슷했다. 그건 왜일까? 나는 정말 반미주의자로서, 객관적 시각으로 미국을 보지 못하고 있는 것일까? 워싱턴에 있다가 돌아간 한 전직 국회의원이 겪은 이야기는 교포들과 나의 인식 차에 대한 단서가 될 것 같다.

이 전직 의원이 워싱턴에서 연구생활을 마치고 한국으로 돌아가기 전에 친하게 지내던 교포들이 열어 준 환송회에 나갔다고 한다. 그런데 이 모임의 원로 격인 한 80대의 교포가 그에게 계속 고기를 권하면서 이런 말을 했다고 한다. "많이 먹어 둬 한국에 가면 못 먹어." 다소 극단적인 예이기는 하지만 많은 교포들에게 한국은 자신이 떠나왔던 시절의 한국으로 남아 있는 듯하다. 수십 년 전 한국을 떠나온 그 노인에게 한국은 사회의 지도층인 전직 국회의원도 제대로 고기를 못 먹는 나라로 남아 있었는지 모른다. 실제로 몇몇 교포들은 기자직업에 대해 얘기할 때 정부가 아직도 간섭을 많이 해서 기사에 영향을 주지 않느냐는 식으로 질문해 황당했던 적도 있었다. 따라서 이런 조국에서 온 동포가 미국에 대해 비판적인 말을 하면 언뜻 이해가 가지 않을 법도 하다.

돌이켜 보니, 나 자신도 80년대에 유학을 왔을 때는 미국의 '후진성'이 눈에 거의 보이지 않았었다. 아직도 쿠데타를 통해 집권한 대통령이 버티고 있는 아시아의 조그만 나라에서 온 우리들은, 요즘 유학생들에 비해서는 턱없이 주눅 들어 살았던 것 같다. 전기 깡통따개에서 시작해, 후진하다 벽과 부딪쳐도 흠 하나 가지 않던, 궁핍한 한국 유학생의 8백 달러짜리 디트로이트산 고물 탱크승용차에 이르기까지 모든 게 그저 경이로울 뿐이었다. 하지만 21세기에 다시 돌아온 미국에서는 불편한 점들이 자주 눈에 거슬렸다. 기자 생활하면서 직업병인 비판의식만 커진 탓도 있겠지만, 그건 아마도 그만큼 한국이 발전한 때문일 것이다.

누구를 위한 효율인가?

왜 미국에서 담당자와 통화하기가 힘든가, 왜 사람 대신 ARS를 통해 여러 번 번호를 누르고 몇십 분을 기다리고서야 상담원과 통화가 되는가? 그 답은 뻔하다. 돈 때문인 것이다. 담당자는 전화할 시간에 자신의 업무를 보고, 별다른 전문지식이 필요 없는 상담은 싼 임금을 받는 상담원들이 하면 된다는 경제적 계산이 있을 것이다. 그렇게 함으로써 제품이나 서비스의 원가가 낮춰지고 결국 소비자에게 그 혜택이 돌아간다는, 뭐 그런 설명을 이들은 할 것이다. 일리가 있는 말이고 어느 정도 사실이 섞인 설명이다. 하지만 이런 설명은 수화기를 붙잡고 기다려야 하는 고객의 정신적 피로와 시간의 낭비를 고려하지는 않고 있다.

피해를 보는 것은 고객뿐만이 아니다. 많은 미국 회사들이 이 상담원들의 일자리조차 임금이 싼 인도 같은 나라로 돌리고 있다고 한다. 인도에 있는 상담원들은 미국 고객들의 전화를 받고 인터넷으로 연결된 사내 전산망을 보면서 상담을 제공한다. 당연히 이들은 미국 직원들이 갖고 있던 일자리를 빼앗는다. 손해를 본 사람이 있지만 이익을 본 사람도 있으면 균형이 이뤄진다고 볼 수도 있다. 그렇다면 누가 이익을 본 것인가? 누구를 위한 효율인가? 당연히 이 같은 '효율'을 통해 얻는 회사의 이익은 주주에게 돌아간다. 또 엄청난 인센티브 시스템에 의해 경영진에게 이익이 돌아간다. 문제는 이 엄청난 이익이 소수에게 집중된다는 것이다.

루 답스 Lou Dobbs 는 CNN에서 독특한 위치를 차지하고 있는 앵커이다. CNN은 FOX와는 달리, 의견을 제시하기보다는 중립적이고 객관적인 입장을 지키는 전통적 방송의 보도관을 갖고 있다. 하지만 래리 킹과 더불어 CNN에서 가장 인기있는 루 답스는 여러 가지 사안에 대해 자신의 의견을 강력히 제시하고 이에 대한 책까지 써냈다. 하버드에서 경제학을 공부했다는 그가 가장 열받아 하는 것이 바로 아웃소싱 outsourcing 의 문제이다. 그는 일자리를 해외로 넘기는 미국기업의 행태가 미국의 중산층을 피폐하게 만들고 있다고 주장한다. 이와 관련해 그가 제시한 사례는 특별히 시사하는 바가 있다. 그의 보도에 따르면 인디애나주의 실업자들은 실업수당에 대한 질문이 있을 때 주정부에 전화를 해야 한다. 그런데 전화를 걸면 상담을 해주는 사람들은 인도에 있는 상담원들이다. 인도에 있는 상담원들 때문에 일자리를 잃은 인디애나주의 전직 상담원들도 이들에게 전화를 걸어 실업상담을 해야 한다는 이야기이다.

미국이 주도한 세계화의 부메랑이 미국 자신에게 돌아왔다고 하면 조금 과장이 될지도 모르겠다. 어쨌거나 미국은 다시 1위로 올라섰고 미국 기업들은 많은 이익을 내고 있으니 말이다. 하지만 이 부의 창출이 그만큼 국민들의 평균행복을 높여 줬는지, 누구를 위한 효율인지는 경제가 아닌 사회적 차원에서 묻지 않을 수 없다.

냉정한 사회

더 큰 문제는 이런 질문이 얼마나 사회적으로 호응을 얻고 있느냐는 것이다. 루 답스가 침을 튀기면서 열변을 토하고는 있지만 이런 '효율'의 희생자들에 대한 사회적 태도는 어떤가? 자본주의를 하다 보면 할 수 없지 하는 식의 무관심은 아닌가? 자본주의와 적자생존으로의 매진은 나라를 냉정한 사회로 몰아가고 있는 듯하다. 누구나 유브 갓 메일에 나오는 여자 주인공처럼 재능이 있어서 곧바로 동화작가로 변신할 수는 없다. 거대한 자본주의의 바퀴는 이들을 위해 속도를 늦추지는 않을 것이다. 그렇다고 뒤처진 자에 대한 어떤 배려가 있는 것도 아니다. 오히려 이 게임의 룰은 긍정적으로 인식되고 즐기는 대상으로 재생산된다. 'You are fired!'라는 듣기에도 섬뜩한 말이 유행어로 인기를 끌고 있는 사회는 아무리 좋게 해석하려 해도 냉정한 사회라고밖에는 볼 수 없는 것이다.

선진국 맞아

빌 게이츠와 스티븐 스필버그의 나라

15년 만에 돌아와 미국을 보면서 갖게 된 "겨우 이 정도냐" 하는 느낌의 뒤에는 뭔가 개운치 않은 의문이 따라다녔다. 그건 미국이 선진국이라는 엄연한 현실을 볼 때 '이게 다'일 리 없다는 논리적 귀결이기도 했다. 그렇다면 미국은 어떻게 선진국이란 말인가? 우리나라보다 못한 점이 그렇게 많다는 주장은 현실과는 거리가 있는 우격다짐 자아도취가 아닌가? 그건 나 자신이 미국에서 불편한 점들을 느끼면서 갈등했던 질문이기도 하다.

여기서 다시 한 번 이른바 미국의 '후진성'의 한 예를 살펴보자. 특파원 당시 한 선배가 겪은 일인데, 집에서 사용하는 인터넷이 계속 말썽을 피우는 것이었다. 인터넷이 안 되면 특파원 일을 하기가 거의 불가능하다고 해도 과언이 아니다. 급한 마음에 인터넷 라인을 제공하는 회사에 전화를 걸어 수리를 요청했는데, 몇 번을 와도 도대체 원인을 밝히지 못하고 헛걸음만 하는 것이었다. 전화를 걸어 거의 싸우다시피 해서 다시 온 직원은 결국 그 집으로 들어오는 케이블을 통째로 갈아버렸다. 그 직원은 케이블이 문제라고 했다지만 원인을 밝히지 못하자 그냥 통째로 갈아버린 것이 아닌가 하는 의구심이 들었다. 그 때문에 성격이 다소 급한 이 선배는 스트레스를 상당히 받아야 했다. 선진국이 뭐 이러냐는 불평이 나올 법도 했다. 사실 미국에서 일반인들과 접하는 서비스업종 종사자들에 대한 인상은 그들이 한국 인력에 비해 그다지 뛰어나지 못하다는 것이다. 기본적으로 우리나라에서는 민원인이 계속 불편하면 거세게 항의하고 이에 따라 민첩하게 반응하는 게 보통이지만 미국은 그렇지 않은 경우가 많다. 민원인의 불만에 느긋해 보이기도 하고, 실제로 문제해결 능력이 한국에 비해 우월하다는 느낌을 주지 못한다.

이런 이유는 아마도 교육시스템 때문일 것이다. 세계 최고의 명문대학은 모두 미국에 있지만 미국의 전반적인 공립 고등학교와 이 학교를 나온 졸업생들의 수준은 그다지 높다고 볼 수 없다. 방송사에 들어오기 전에 투자신탁회사의 해외 투자부에 근무한 적이 있다. 거기에 있으면 자연히 미국경제에 대한 보고서를 자주 읽게 되는데, 독일계 회사인 도이치 방크 등의 보고서에 자주 등장하던 분석이 있다. 미국경제의 앞날을 비관적으로 보면서 하나의 이유로 제시하던 것이 미국의 교육수준과 이에 따른 노동력의 질이 낮다는 것이었다. 그게 무슨 말인지 이해하는 데는 시간이 조금 걸렸다. 무슨 세계경시대회에 나가면 한국 중고등학생들이 상위권에 들고 미국은 한참 뒤처지는 것이 우연이 아니라는 것이다. 평균적 인력의 수준은 한국이 미국에 뒤처질 것이 없다는 얘기다.

하지만 미국을 이끄는 미국인은 이 인터넷 회사의 무능한 직원들도, 미국 이민국의 민원담당 공무원들도 아니다. 빌 게이츠와 스티븐 스필버그 등, 미국의 시스템이 만들어 낸, 그리고 무슨 이유에선지 우리나라에서는 잘 나오지 않는 천재들인 것이다. 이들은 우리나라가 자동차 몇만 대 수출해야 겨우 버는 돈을 로열티로 한 번에 벌어들인다. 칼 아이칸과 론스타에 근무하는 몇몇 투자가들은 저평가된 한국회사들을 헐값에 사들여 팔아먹고는 수천억 원의 이익을 남겨 떠난다. 수많은 우리나라의 은행원들이 애써 벌어들인 가치를 이들은 손쉽게? 거둬들인다. 이런 법이 어디 있느냐고 화를 내지만 상황은 이미 끝난 뒤인 것이다.

미국 경쟁력의 우위는 중하위권 인력에 있는 것이 아니다. 우리가 접하게 되는 공무원들의 경쟁력을 보면 한국사람들이 미국에 가서 불편을 느끼는 것이 어찌 보면 당연한 것이다. 한국보다 느릴 뿐 아니라 친절하지도 않고 유능하지도 않다는 불평을 할 만하다. 문제는 이른바 상위권의 인력에 있다.

한국의 대통령과 장관, 국회의원을 비롯한 정치인, 언론인, 대학교수 등 이른바 상층부 인력들의 경쟁력이 미국에 비해 현저히 떨어지는 것이다. 기업인들은 요즘 한국도 수준이 많이 오른 것 같다.

그렇다고 국민들은 대부분 잘하고 있는데 지도층의 경쟁력만이 문제라는 것은 아니다. 사실 "국민은 늘 옳은데 지도자들이 못 따라오고 있다", "제발 정치인들이 정신차려서 국민의 뜻을 잘 수행해야 나라가 발전한다"는 식의 주장은 단세포적인 면이 있다. 국민들의 수준이 지도층의 수준을 결정하는 가장 중요한 변수이기 때문이다.

그러고 보면 지도층의 경쟁력에서 미국이 선진국이란 결론도 그림의 전부일 수는 없는 듯하다. 어떻게 지도층만 뛰어나 선진국이 될 수 있겠는가? 예를 들어, 대표적으로 낙후된 분야인 정치와 대표적으로 앞서가는 분야인 반도체를 보자. 한국은 세계 최고의 반도체를 만들 능력을 갖고 있다. 이 분야에서는 상층부의 인력에서 다른 나라에 떨어지지 않는 것이다. 왜 세계 최고의 반도체를 만드는 나라에서 정치는 이 모양인가? 정치의 수준은 상층부인 정치인뿐 아니라 국민의 인식수준을 반영한다. 첨단의 공산품을 만들 수는 있지만 선진 치를 할 수준은 아직 되지 않는다는 결론이겠다. 쉽게 말해 문과적 사고수준이 이과적 재능을 따라가지 못하고 있다는 것 같은데, 이렇게 얘기하다 보면 국민의 정치능력 수준이 거론되고, 그렇게 되면 "국민은 늘 옳다"는 모범답안을 거스르는 모양새가 돼 곤란한 입장이 될 수도 있겠다.

다시 남의 나라인 미국이 선진국인 이유로 돌아가 보자.

중용의 나라

미국사람들이 공자님이 가르쳤던 중용이 무슨 뜻인지 알 리가 없을 것이다. 하지만 미국의 정치를 보면 정작 중용은 아시아가 아닌 미국에서 실천되고 있다는 느낌을 받는다.

화씨 9/11 Fahrenheit 9/11 은 마이클 무어라는 다큐멘터리 영화감독이 만든 9 · 11과 미국정치에 대한 영화이다. 이 영화가 과연 다큐멘터리냐에 대해서는 논란이 있기는 하다. 여하튼 진보적인 성향의 무어는 이 영화에서 부시 행정부의 9 · 11 이후 대처와 이라크 침공을 통렬하게 비난한다. 이 영화는 특히 오사마 빈 라덴의 가족들과 부시 사이에 모종의 관계가 있다는 의혹을 제기하는가 하면, 테러 직후 보고를 받고도 별다른 조치를 취하지 못하는 부시 대통령의 모습을 비웃는 매우 반부시적인 영화였다. 칸 영화제에서 다큐멘터리로는 매우 드물게 대상을 차지했지만, 이 영화는 정작 미국에서는 아카데미 등 주요 영화제에서 외면당한다. 선거를 앞두고 부시 대통령을 비난하는 영화가 대상을 받으면 선거에 영향을 줄 수 있다는 경계여론과 공화당계 팬들의 반발을 의식한 처사였던 것으로 보인다. 이 영화를 봤을 때의 느낌은 진보적 지식인으로서 당시 미국에서 일어나고 있는 일들에 대해 할 말을 했다는 것이었다. 사실 입에 걸레를 물고 다니는 우리나라 정당 대변인들의 이전투구식 정치문화에 익숙해 있던 나로서는 그 영화가 그다지 극단적인 비판이란 생각도 들지 않았던 것이다.

그런데 나의 이런 생각은 민주당 대선후보들의 TV 토론회를 보던 중 한 질문 때문에 도전을 받는다. 웨슬리 클라크라는 전 나토 총사령관 출신의 후보에게 한 기자 작고한 ABC 방송의 피터 제닝스였던 것으로 기억한다 가, 마이클 무어가 당신을 지지하는 것으로 아는데 그가 부시 대통령을 탈영병이라고 부른 것에 대해 어떻게 생각하느냐고 물었던 것이다. 당시만 해도 정치 초년병이었던 클라크는 여기서 제대로 대처를 하지 못하고 만다. 클라크는 여러 사람이 마이클 무어와 같은 생각을 갖고 있는데 자신은 거기에 대해 잘 모르기 때문에 말할 수가 없다는 식으로 답변한 것이었다. 후보 토론회가 끝나고 FOX 방송의 한 정치평론가는 클라크의 이 답변을 문제삼아 클라크가 실수했다는 결론을 내렸다. 그 답변이 그다지 도를 벗어난 것이 아니라는 생각을 했던 나는, 보수적 색채의 FOX 방송인지라 민주당 후보를 깎아 내리려는 것 아니냐는 판단을 했다. 하지만 미국에서 이 답변은 대통령에 대한 근거 없는 지나친 비난에 거리를 두지 않았다는 점에서 클라크의 판단력에 대한 의문을 일으켰고, 경선 초반 클라크에게 악재로 작용하고 말았다. 자기가 부시 대통령을 탈영병이라고 한 것도 아니고 지지자 가운데 한 명이 말한 것에 대해 잘 모른다고 답한 것뿐이었는데도 말이다. 민주당 후보들 가운데 거의 유일하게 당시 선거에서 초미의 관심사였던 국가안보에 강점을 갖고 있던 그였지만, 이때의 답변태도는 그에게 중도좌파, 온건진보적 이미지를 기대했던 유권자들에게 실망을 줬던 것으로 보인다. 아무리 적이라도 미국을 대표하는 국가원수인 대통령에게 근거 없는 막말적 비판을 하는 것은 적절하지 못하다는 것이다.

Gang of Fourteen, 우리말로 번역하자면 14명의 패거리라고 해야 하나? 하여튼 이 사람들은 가장 유력한 공화당 대통령 후보로 거론되고 있는 존 맥케인 상원의원 등 공화당 상원의원 7명과 벤 넬슨 등 7명의 민주당 상원의원을 합쳐 이르는 말이다. 이들이 이런 별명을 얻게 된 것은 지난 2005년의 대법원과 항소법원 판사 청문회 때였다. 미국의 민주당과 공화당이 가장 첨예하게 대립하는 사안이 무엇이냐고 하면 대법원이나 연방법원의 판사 인준이라 해도 과언이 아닐 것이다. 판사라는 직업이 여기서 갖는 정치적 의미는, 이들이 진보냐 보수냐, 미국사회가 갈 방향을 제시하는 나침반과 같은 역할을 한다는 것이다. 따라서 판사들을 각 정당이 내세우는 이념에 부합하는 사람으로 택하는 사안은 종종 양보할 수 없는 혈전을 불러온다. 부시 대통령이 항소법원 판사에 지나치게 보수적인 판사들을 지명하려 한다고 생각한 민주당 상원지도부는 소수당으로서 이를 막기 위해 의사진행방해 전략을 사용하려 했다. 이에 맞서 공화당 지도부는 소수당의 의사진행방해 전략을 법적으로 금지하기 위해 상원규정을 바꾸는 이른바 nuclear option을 도입하기로 했다. 9·11 이후 보수화가 급격히 진행된 미국 정치풍토에서, 공화당 지도부는 종전에는 생각할 수 없었던 극단적 조치를 취하려 하고 있었다. 결국 극한 대결이 불가피한 듯해 보였다.

이때 이 14명의 온건파 상원의원들이 모였다. 이들의 합의내용은 이랬다. 먼저 7명의 민주당 의원들은 판사지명자가 극단적으로 보수적인 경우를 제외하고는 당론을 거역해서라도 의사진행방해 발언을 하지 않기로 한다. 대가로 7명의 공화당 의원들은 공화당 지도부의 nuclear option 채택을 반대하기로 한다. 이렇게 해서 극한대결을 피한다는 것이었다. 이들 각 7명은 규정상 양당 지도부의 극한대결을 법적으로 막을 만한 숫자였다. 판사 인준은 그런 대로 무난하게 진행됐고, 14명의 상원의원들은 상원을 파국에서 구한 정치인들로 칭송을 받았다. 맥케인 상원의원이 온건보수로 각인된 사건이 아니었나 싶다.

물론 당시 미국에 극한대결을 선호하는 여론과 정치인들이 없었다는 것이 아니다. 분열을 조장하는 정치인은 어느 나라든지 정치적으로 반사이익을 얻기 마련이다. 하지만 그런 유혹을 떨치고 상식적인 해결책을 찾는 정치인들이 있고 그들을 평가해 주는 여론이 있느냐는 중요한 부분이다. Gang of Fourteen에 참여했던 민주당 상원의원들의 '상식'은 아마도 이런 것이었을 것이다. "그래, 공화당 너희가 선거로 다수당이 됐으니 너희 이념에 맞는 판사를 지명해라. 무조건 의사진행방해를 해서 다수당의 권리를 방해하지는 않겠다. 하지만 너무 극단적인 사람은 안 된다." 반면 공화당 의원들은 "우리도 언제까지 다수당일 수는 없는데, 이번 회기에 다 털어먹자고 하는 지도부 말과 보수광풍을 맹종할 수는 없다. 민주당이 다수당이 됐을 때 그들이 우리를 상대로 nuclear option을 쓴다고 하면, 그때 우리는 무슨 말을 할 것인가? 우리도 극단적인 보수판사는 원하지 않는다"고 생각했을 것이다.

힐러리 클린턴의 변신은 미국 정계의 화제다. 힐러리에 대한 일반의 인식은 미국정치의 주류라고 하기에는 너무 진보적이라는 것이다. 힐러리가 뉴욕주의 상원의원으로 만족한다면 비교적 진보적인 뉴욕주에서 이런 이미지는 재선에 별 장애가 되지 않을 것이다. 하지만 대통령이 되기를 원한다면 얘기는 달라진다. 동부 출신 민주당 정치인이 대통령이 되지 못하는 것은 우연이 아니다. 동부 출신에게는 진보라는 딱지가 늘 따라다닌다. 온건진보가 아닌 진보라는 이미지는 미국의 남부와 중부에서는 통하지 않는다. 온건진보, 중도좌파의 이미지를 주려는 힐러리의 노력은 파격을 불러오기도 한다. 클린턴 부부의 최대 정적이라고 하면 뭐니뭐니해도 공화당 혁명을 주도했던 뉴트 깅그리치 전 하원의장일 것이다. 공화당의 하원 탈환에 최대공신인 그는 클린턴 대통령의 정책에 사사건건 제동을 건 눈엣가시였다. 하지만 힐러리 클린턴 상원의원은 지난 2005년 깅그리치와 함께 기자회견을 열고 의료보험과 관련해 협력해 나가기로 한다. 공화당의 최대정적과 협력함으로

써 자신이 중도세력임을 강변하는 전략이었다.

보수성향의 정치인도 마찬가지이다. 극우라는 이미지는 남부주에서 상원의원 당선에는 도움이 될지 몰라도 대통령 후보로서는 도움이 되지 않는다. 9·11 이후 미국의 보수화로 우파성향의 유권자들이 주도권을 쥐게 된 것은 사실이다. 하지만 우파보다는 중도우파가 더 큰 정치적 베이스이다. 지금은 매우 우파적인 이미지를 갖게 된 부시 대통령도 처음 당선될 때는 'compassionate conservatism'따뜻한 보수을 내걸었다. 그러던 것이 9·11로 달라지기는 했지만, 이라크에서 쓰라린 실패를 본 미국의 추는 다시 중간으로 돌아오고 있는 듯하다. 중간선거에서 공화당이 참패하고, 조지 알렌 상원의원처럼 한때 대통령 후보로 거론되던 대표적인 우파 정치인이 남부로 분류되는 버지니아에서조차 낙선을 했다. Nuclear option을 주도했던, 역시 우파성향의 프리스트 상원의원이 대통령 선거에 나갈 뜻이 없음을 밝혔다고 한다. 중도성향의 맥케인 상원의원이 선두로 치고 나오고, 뭔가 정치지형의 중도회귀가 감지되는 듯하다.

물론 아무 문제나 '타협'하자는 것이 아니다. 개인적으로, 양당이 서로 조금씩 양보하고 타협하자는 식의 논평을 싫어한다. 마치 상식적이고 합리적인 해결책은 따로 한 채 무조건 충돌을 피하기 위해 타협하자는 건 단세포적 접근방법이다. 하지만 양쪽의 주장을 놓고 보면 원칙과 명분 등을 고려할 때 도출되는 상식적인 공감대가 정치인과 국민 사이에 있을 것이다. 그리고 그런 공감대는 결과적으로 중도좌파나 중도우파적 스펙트럼에 놓이는 경우가 많다. 우리나라 정치인들도 사실 그런 상식적 공감대가 있을 것 같기도 하다. 행동하는 걸 보면 그럴 만한 능력이 없다는 생각이 들기도 한다. 여하튼 그런 상식적 공감대를 추구하는 데는 지능보다는 정치적 용기가 필요한데, 아직 우리나라 정치의 수준은 대결을 조장해 반사이익을 보자는 쪽에 머물고 있는 듯하다. 미국이 왜, 그럼에도 불구하고 선진국이냐는 얘길 하다 보니 우리가 가장 잘 알고 있는 나라, 한국으로 얘기가 돌아왔다. 반도체를 만드는 나라에서 왜 정치와 정치의식은 이 정도인가 아쉬워서 옆으로 새봤다.

평가시스템의 우위

나의 본관은 기계이다. 포항 근처에 있는 곳이라고 한다. 버들 류柳 자를 쓰는 문화 유씨나 풍산 유씨보다는 역사상 유명한 조상이 많지 않다는 것이 어려서 국사를 배우면서 느낀 점이었다. 그러던 불만은 국사 교과서의 마지막 부분이 되면 다소 누그러지는데, 그건 유길준兪吉濬 할아버지 때문이었다. 개화운동가였던 이분은 우리나라 최초의 국비유학생이었다고 한다. 유길준 할아버지는 미국에서 공부하고 돌아와 서유견문이라는 책을 쓰신다. 풍전등화의 운명에 있던 조선의 발전에 도움이 됐으면 하는 애국적 충정으로 서구에 대한 책을 쓰셨을 것이다. 이제 1세기가 넘어 먼 후손뻘 되는 내가 쓰는 이 책이 우리가 사는 이 사회에 도움이 되지는 않고 그저 미국의 대중문화를 훑어가는 시간 죽이기 거리만 된다면 같은 집안 어른께 다소 부끄러운 일이 될 것 같다. 그래서 책의 말미에나마 하나 끼워 넣어 보고자 한다.

홀쭉이와 뚱뚱이

그러기 위해서는 다시, 내가 인상 깊게 봤던 미국 대중문화의 한 단면으로 돌아가야 될 것 같다. 미국에 대한 책은 별로 읽은 게 없어 놔서…. 1980년대에 처음 보기 시작했던 Siskel & Ebert는 하나의 문화적 충격이었다. 시카고의 양대 일간지 소속 영화평론가인 진 시스켈과 로저 에버트가 나와 그 주에 나온 영화들에 대한 평을 하는 프로그램이었다. 여기서 두 평론가는 영화에 대한 자신들의 분석을 얘기하고 마지막에는 마치 네로가 검투사의 운명을 결정짓듯 엄지손가락을 치켜세우거나 내리는 방법으로 그 영화에 대한 호불호好不好를 밝혔다. 특히 인상적이었던 것은 대부분 호불호에 동의하는 이 두 평론가가 가끔 의견 불일치를 보일 때였다. 한 명은 다소 마르고 날카로워 보이는 반면 다른 한 명은 살이 찐 nerd처럼 보여

> 그 전까지 우리는 '별 시스템'에 익숙해져 있었다. 별이 세 개 이상이면 볼 만한 것이고 네 개면 명화 수준이었다. 하지만 이들은 간단하게 봐도 되는 영화, 안 되는 영화로 나누어줬다. 시청자들의 복잡하게 판단할 수고를 덜어주는 친절함(?)이었는데, 이것은 시청률을 높이는 데 상당히 기여했던 것으로 보인다.

외모상으로도 대조적인 이 콤비는, 서로의 자질을 모독하는 수준으로 상대의 견해를 맹렬하게 공격하는 것이었다. 한국문화에서 자란 나로서는 이 사람들이 저러고 나서 어떻게 다시 일을 같이 하는가가 신기해 보였다. 실제로 이들은 개인적으로 사이가 나쁘지 않았다고 한다. 그건 아마도 이건 공적인 일이기 때문에 기분 나빠하지 않아도 된다는 서로의 양해가 있는 듯했다. 서로에 대한 매몰찬 공격보다 더 충격적인 것은 자신들이 싫어하는 영화에 대해 그들이 구사하는 어휘였다.

마이클 제이 폭스라고, 백 투 더 퓨처에 나왔던 영화배우가 주연했던 The Secret of My Success 1987 라는 영화에 대해 이들이 매우 혹평을 했던 것이 기억나는데… . 물론 그들이 썼던 어휘가 생각나지 않아서 인터넷을 통해 뒤져봤다. 당시 TV 프로그램의 스크립트는 구할 길이 없고 로저 에버트가 신문에 기고한 영화평을 정보의 바다, 해저 한구석에서 건져낼 수 있었다. 아마도 에버트가 TV에서 한 말이나 비슷할 것이다. 에버트의 평론은 이렇게 포문을 연다.

> The Secret of My Success는 시간의 왜곡에 갇혀 있는 듯하다. 이 영화의 각본은 1950년대 이래 서랍 속에 있었던 것 같으며 아무도 업데이트하려 노력조차 하지 않은 듯하다. … 등장인물 누구도 윤리라는 것을 갖고 있지 않다. 그런데도 영화는 이에 대해 어떤 풍자를 하지도 않는다. 그 이유는 아마도 이 영화제작자들에게 등장인물들의 행동이 비윤리적이라

는 생각이 떠오르지 않았기 때문일 것이다.

각본을 쓴 작가들의 능력은 물론 영화제작자들의 도덕적 기준까지 신랄하게 비난한 에버트는 제작자들의 지능수준을 의심하는 이런 글로 평론을 맺는다.

이 영화는 이른바 '바보 플롯'에 심하게 의존하고 있다. 그건 영화에 나오는 모든 등장인물이 바보이고, 그래서 5분이면 풀릴 영화의 미스터리는 풀리지 않는다는 플롯이다. 이 영화는 실제로 사람들이 이 영화에 나오는 등장인물들처럼 멍청하다고 믿는 것일까? 이 영화는 이런 것에 대해 신경 쓸 시도도 하지 않는다.

TV 프로그램에서 두 평론가는 이 영화가 형편없다는, 독설에 가까운 평가를 퍼붓고 나서, 그러고도 분이 풀리지 않았던지 끝나는 순간 아주 몹쓸 영화라는 말을 덧붙였던 기억이 난다. 이 눈치 저 눈치 보지 않고 까발리는 논리적 솔직함이 주는 신선함이란! 이 프로그램은 이들의 솔직한 평가와 이견을 보일 때 붙는 한바탕 설전 때문에 선풍적 인기를 끌었고, 신문기자들이었던 이들을 미국에서 가장 영향력 있고 인기 있는 평론가이자 스타로 만들었다. 지금도 미국영화들은 광고할 때 에버트와 로퍼 Siskel & Ebert는 시스켈이 몇 년 전 암으로 죽은 뒤 Ebert & Roeper로 바뀌어 아직도 방송되고 있다 가 모두 손가락을 세웠다는 걸 자랑스럽게 명시한다.

여기서 장황하게 미국의 영화평론가 얘기를 하는 것은 다른 사람들에게 별 공감도 가지 않을 수 있는 나의 비주류 청년시절의 기억을 더듬기 위해서가 아니다. 이런 것들이 미국사회에서 의미하는 사회적 효용이 무엇인가를 말하고자 함이다.

영화광 수준이었던 나에게 영화평론가들이 쉬운 말로 평가를 해주고 마지막에는 간단하게 호불호를 표현하는 이 프로그램은, 영화를 보고 안 보는 하나의 지침서가 됐다. 두 명이 다 손가락을 치켜세우면 two thumbs up, 이 영화는 봐야 하는 것이었고, 최소한 한 명은 치켜세워야 one thump up, one thumb down 보는 것이었다. 두 명이 다 손가락을 내리면 two thumbs down 대부분 보지 않았다. 실제로 이들이 혹평한 영화는 대부분 내가 봐도 시원치 않은 경우가 많았다. 따라서 이들은 영화팬인 나에게 형편없는 영화에 시간과 돈을 낭비하지 않도록 하는 효용이 있었다. The Secret of My Success는 예외였다. 왜 영화평론가들이 이렇게 혹평을 하는가 궁금해져서 영화를 봤는데 평론가들의 말이 결국은 맞았다.

영화계 전체 입장에서 볼 때 이들의 프로그램이 주는 효용도 쉽게 짐작할 수 있다. 이들의 프로그램은 잘 만든 영화는 관객들에게 보도록 권함으로써 흥행이 더 잘되게 했을 것이고, 못 만든 영화는 덜 보게 함으로써 흥행실패를 가속하는 데 기여했을 것이다. 양화가 악화를 구축하는 시스템의 일부가 됐다는 것이다. 이렇게 되면 영화를 못 만들고도 영화사들이 예고편 '쌈빡'하게 만들고 주연 스타들 TV에 미리 출연시켜 선전하는 방법으로 얼렁뚱땅 재미 보는 것을 막을 수 있다. 영화팬들에게 영화보기 길라잡이가 되고 영화계 전체로는 더 잘하도록 독려하는 평가시스템이 된다는 것이다.

인정받는 '권위'가 있습니까?

몇 가지 사례들을 더 살펴보자. 좋아하는 미국 배우들에 대해 알고 싶다면 요즘 가장 흔하게 찾아볼 수 있는 방법이 Wikipedia라는 인터넷 백과사전일 것이다. 누구를 찾아볼까… 생각이 나지 않는다면, 가장 쉬운 방법으로 현재 할리우드에서 자타가 공인하는 최고 거물을 찾아보자. 감독은 스티븐 스필버그일 것이고 배우라면 톰 행크스일 것이다. 클린트 이스트우드는 이제 현역을 떠났다고 봐야 한다. 그럼 톰 행크스를 Wikipedia는 어떻게 소개하고 있는가? 내가 인명사전을 쓰면서 누구를 소개한다고 가정한다면 가장 어려운 부분은 아마도 첫 문장일 것이다. 수십 년 동안 이어져 온 한 사람의 복잡다단한 개인적, 직업적 여정을 어떻게 요약할 것인가? Wikipedia는 이렇게 시작한다.

> 토마스 '톰' 행크스는 아카데미상을 두 번 받은 미국배우로, 가족영화와 코미디에 주로 출연하다 극영화 주연배우로 큰 성공을 거뒀다.

전설적인 여배우는 어떻게 소개되고 있을까? 엘리자베스 테일러를 찾아보

자. 역시 첫 문장이다.

> 데임 영국의 작위 엘리자베스 테일러는 아카데미상을 두 번 받은 우상적 영미배우이다.

한 명의 영화배우의 생애를 요약하는 첫 문장에 Wikipedia는 가장 먼저, 그가 아카데미상을 몇 번 받았는지를 언급하고 있다. 아카데미상을 몇 번 받았는지는 누구도 시비를 걸 수 없는 그 배우에 대한 객관적 평가기준인 셈이다. 고민할 필요가 없는 것이다. 골든글로브라는 상이 있기는 하지만 아무도 영화배우를 소개할 때 골든글로브상을 몇 번 받은 아무개라고 소개하지는 않는다. 지금은 잘 안 보지만 아카데미상 시상식은 재미있는 볼거리였다. 화려한 의상의 배우와 최고의 가수들이 하는 축하공연, 빌 크리스털 같은 코미디언들의 재치있는 사회…. 하지만 이 모든 오락거리보다 깊은 인상을 남겼던 것은 시상식이 주는 어떤 분위기였다. 딱 집어 얘기할 수는 없지만 이 사람들이 이 행사에 대해 대단한 자부심과 일종의 존경심을 갖고 있구나 하는 분위기. 예를 들어, 아카데미상을 두세 번 받은 감독이나 배우가 나왔을 때 보내는 기립박수나 상을 받았을 때 수상자들이 감격스러워 하는 반응 같은 것들 말이다. 아카데미 시상식이 시작되기 전부터 올해는 사회자가 누가 될 것인가, 여배우들은 어떤 옷을 입고 나올 것인가가 관심의 대상이다. 앞서 말한 Siskel & Ebert 같은 프로그램들에서는 시상식이 치러지기 전 진행자들이 턱시도를 입고 나와 자신들이 생각하는 아카데미상 작품상, 감독상, 주연상을 선정한다.

할리우드가 전세계에 중계되는 이 시상식을, 영화팬들에게 환상을 심어주고 다시 극장으로 끌어들이는 상업적인 홍보수단으로 활용하고 있음은 두말할 나위 없다. 하지만 이 모든 사치스러움과 호화찬란함, '쇼'라는 껍질을 벗기고 보면, 아카데미상은 본질적으로 일종의 평가장이다. 화려한 옷을 입고 나오는 이 거물 영화인들은 실은 평가장에 나온 수험생들인 것이다. 그들은 동종업계에 종사하는 아카데미 회원들로부터 심판을 받아 상을 받기도 하고 탈락의 고배를 들기도 한다. 이들은 아카데미상이 내리는 평가에 대단한 신뢰를 보낸다. 아카데미 수상으로 일약 스타가 되기도 하고 몇 년 전에 별로 흥행에 성공하지 못한 영화로 여우주연상을 받았던 힐러리 스웽크가 이런 경우라고 봐야 하겠다 아무리 흥행배우라고 해도 아카데미상을 받지 못하면 경력에 치명적인 오점으로 남는다. 흥행대작 전문인 톰 크루즈 같은 배우들이 이 경우겠다. 힐러리 스웽크가 두 번이나 받은 아카데미상을 이 배우는 받지 못했다.

프랭크 시나트라는 우리나라에서 노래 '마이 웨이'로 유명한 가수이다. 우리나라에서는 사실, 그다지 잘 생기지도 않고 히트곡이 많지도 않은 이 가수의 지명도가 엘비스 프레슬리나 비틀즈에 비하면 턱없이 떨어진다고 봐야 하겠다. 하지만 미국에서는 이야기가 다르다. 미국 최초로 오빠부대를 만들어낸 최고의 엔터테이너이자 가수로 대접받는다. 주디 갈란드나 세미 데이

비스 주니어 등과 함께 최고의 곡 해석능력을 가졌던 가수로 꼽힌다고 한다. 시나트라는 에바 가드너 같은 당대 최고의 여배우들과 염문을 뿌렸고, 개인적인 카리스마 때문에 별명이 'chairman of the board'이다. 그런데 이 시나트라도 1950년대 연예계 생활에 위기를 맞았었다고 한다. 그때 시나트라를 재기시킨 것이 아카데미상이었다. 시나트라는 영화 지상에서 영원으로에서 맡은 역으로 남우조연상을 받았다. 버트 랭카스터와 데보라 커가 해변에서 당시로서는 쇼킹한 키스신을 해 유명하기도 한 이 영화가 히트를 치면서, 시나트라는 인기를 되찾아 전설적 엔터테이너의 길로 컴백했다.

그렇다면 아카데미상이 갖는 사회적 효용은 무엇일까? 그건 Siskel & Ebert와는 조금 다를 것이다. Siskel & Ebert가 주로 개봉되기 전의 영화를 미리 보고서 영화팬들에게 정보를 알려주는 프로그램인 반면 아카데미상은 이미 개봉된 영화를 평가하기 때문이다. 물론 많은 영화팬들이 아카데미상이 발표되고 나면 수상작품이 다시 극장에서 개봉되기 때문에 좋은 영화로 관객이 몰리는 것을 장려하는 측면이 있지만 이는 부차적 효용

영화 '대부'에서 시나트라를 암시하는 듯한 가수가 영화배역을 얻기 위해 대부에게 청탁을 하는 부분이 나오기도 한다. 청탁 내용은 영화관계자가 자신을 캐스팅하는 데 부정적이니 그를 설득(?)해 달라는 것이었다. 관계자가 자꾸 이 이탈리아계 가수를 캐스팅하는 것을 거부하자, 청탁을 받아들이도록 하기 위해 그의 애마의 머리를 잘라 영화관계자를 협박하는 장면으로 이어진다. 여하튼 Wikipedia가 이 전설적인 가수를 소개하면서 첫 문장에, 아카데미 수상 배우라고 언급한 것은 물론이다.

이라고 해야 할 것이다. 그렇다면 그 효용은 무엇인가?

논쟁이 끝나지 않는 세상은 피곤한 세상이다. 지금 이 글을 쓰고 있는 연말이 되면 연예인들은 자기들끼리 잔치 벌이느라 바쁘고 시청자들은 이 사람들 잘 차려 입고 나와 상 받고 즐기는 것을 봐줘야 한다. 사실 평소에도 오락프로를 보노라면 우리가 이 사람들, 자기들끼리 노는 걸 보면서 왜 이렇게 재미있어 하는가 하는 생각이 들기도 한다. 각 방송사들은 한 해의 작품을 선정하고 최고의 탤런트와 개그맨을 선정해 상을 준다. 올해 최고의 작품도 셋이요 최고의 탤런트도 개그맨도 한 명이 아니라 세 명이다. 이런 점에서, '다양성'이란 면에서 미국은 한국을 따라오려면 멀었다. 영화를 살펴보자. 대종상이다, 백상예술대상이다, 청룡영화상이다, 참! 대한민국 영화대상도 있다. 다니는 회사에서 주최하는 건데 큰일 날 뻔했다. 대종상이 이 가운데 가장 권위있다고 할 수 있겠지만 역사적으로 수상 선정과정에 대한 의혹들도 있고 해서 썩 좋은 이미지는 아닌 것 같다. 그러면 도대체 올해 최고의 영화는 어떤 상을 받은 영화란 말인가? 안성기 씨를 소개한다면 무슨 상을 몇 번 받은 배우라고 소개해야 하나? 실제로 네이버 검색창에서 '안성기'를 쳐보니 처음 떠오르는 화면에서는 무슨 상을 받았다는 경력은 아예 소개돼 있지 않았다. 재미있는 것은 안성기 씨가 어느 광고를 했는지는 있었다. 야후에는 수상경력이 소개돼 있는데 여러 가지 상을 공평하게 다 언급했다.

각 방송사에서 주는 대상을 받은 연예인들은 거의 예외 없이 눈물을 쏟는다. 그동안 고생해 왔던 시절이 생각이 날 것이다. 드디어 '성공'했다는 개인적인 감회가 새로울 것이다. 하지만 이 눈물 가운데 어느 정도가 "내가 이렇게 영예롭고 권위있는 상을 받다니" 하는 감정인지는 의구심이 든다. 눈물을 흘리는 연예인들에게 초치는 것 같아 미안하지만, 작년 모방송사의 연기대상을 누가 받았는지 기억하는 시청자는 거의 없을 것이다. 상이 너무 많아 될 수가 없는 것이다. 남들이 권위를 알아주지 않는 시상식은 그들만의 잔치일 뿐이다. "말론 브란도? 20세기 미국 영화계의 배우 가운데 단 한 명만 꼽아야 한다면 브란도를 꼽아도 크게 틀리지는 않지. 아카데미 남우주연상도 두 번 받았어"라고는 말할 수 있을 것이다. 하지만 "안성기? 훌륭한 배우지… 대종상도 몇 번 받았잖아", 과연 이렇게 얘기를 할까? 알아주는 '권위'가 없다는 것은 논쟁이 끝나지 않아서 사람들을 피곤하게 하는 정도에서 부작용이 끝나는 것이 아니다. 대부분이 인정하는 '권위'가 있다는 것은 그 이상의 사회적 효용이 있다. 그것은 무엇인가?

아카데미 시상식장에 나온 빌리 와일더나 스티븐 스필버그, 클린트 이스트우드에게 기립박수를 보내는 미국 영화업계 종사자들의 표정을 보라. 그들의 표정에서 이 사람들에 대한 존경심과 애정을 읽었다면 나의 지나친 상상일까? '권위'는 그 집단에 속한 구성원들에게 목표를 주고 일체감을 갖도록 한다. 인정할 권위가 있다는 것은 그 집단의 구성원들에게 행복한 일이고 그 집단의 결속을 위해서도 바람직한 일이다. 인정할 권위가 없는 조직에 속한 사람은 그만큼 불운한 것이다. 이런 대부분이 인정할 수 있는 권위를 객관적으로 입증하는 평가시스템은 그런 의미에서 사회적 효용이 있는 것이다. 아카데미 시상식이란 평가시스템을 통해 영화인들이 자신이 이 사회에 속한 구성원이라는 것을 확인하고 여기서 인정하는 권위의 자리에 자신도 오르기를 원하게 될 것이란 게 나의 짐작이다. 목표의식은 이에 따르는 행동과 노력을 촉발하고 조직의 발전을 가져온다.

1980년대에 최고의 구원투수로 명성을 날렸던 데니스 애커슬리가 미국 야구 명예의 전당에 헌액되는 장면을 본 적이 있다. 애커슬리는 선발과 구원을 오가면서 한 시즌 20승과 50세이브를 모두 이룬 카리스마 넘치는 투수였다. 특히 오클랜드 에이스에 있을 때는 상대 타자를 피하지 않고, 시원시원하고 남자답게 승부를 내 좋아했던 기억이 있다. 미국사람들에게는 그는 1988년 월드시리즈에서, 부상중이던 LA 다저스의 핀치히터 커크 깁슨에게 '절름발이 결승 홈런'을 맞은 것으로도 유명하다. 하지만, 마음먹으면 아무때나 스트라이크를 던질 수 있는 전설적인 컨트롤과 현대 야구에서 전문 구원투수의 역할을 정립한 역사적 위치를 고려할 때, 그가 명예의 전당에 헌액되는 것은 시간문제였다. 스포츠 전문채널인 ESPN이 방송했던 것 같은데, 공격적인 마초 이미지로 유명했던 이 선수가 헌액 수락연설에서 펑펑 눈물을 쏟는 것이었다. 그는 어린 시절 자신의 우상이었던 윌리 메이스가 자신의 헌액식에 나온 것을 가리키며 이렇게 말한다.

> 제 뒤에는 50명의 명예의 전당 헌액자들이 앉아 있습니다. 제가 여기 서 있다니 정말 몸둘 바를 모르겠고 무서운 생각마저 듭니다. … 저는 제 영혼과 마음을 바쳐 야구를 사랑했고 최고의 투수가 되는 데 인생을 걸었습니다. 이런 영예를 받게 돼 감사하고 몸둘 바를 모르겠습니다.

그는 자신의 현역시절 감독이었던 토니 라루사와 투수 코치에게 감사할 때는 목이 메어 말을 잇지 못했다. 그 아래 관객석에는 중병을 앓고 있는 아버지가 휠체어를 끌고 나와 앉아 있었다. 가문의 영광이기 때문이다. 그는 아들이 연설하는 동안 눈물을 흘렸고 같이 헌액되는 폴 몰리터도 따라서 눈물을 흘렸다. 사실 명예의 전당에 헌액되는 많은 야구 선수들이 연설하면서 운다. 남자, 특히 운동선수가 우는 걸 부끄럽게 생각하는 게 미국의 문화이지만 명예의 전당이야말로 야구선수의 위대함greatness을 평가하는 척도이기 때문이다. 베이브 루스, 행크 아론과 함께 이 박물관에 이름이 영구보존된다는 것은 그만큼 어렵다. 숱한 시즌 MVP와 20승 투수, 최고연봉 선수들이 명예의 전당에 헌액되지 못했다. 이들 연설의 공통점은 늘 어린 시절을 얘기한다는 것이다. 어릴 적의 우상들과 함께 명예의 전당 멤버가 된다는 것에 대한 감격과 어릴 적부터의 꿈이 이뤄진 데 대한 감사를 얘기한다. 명예의 전당은 모든 프로야구 선수가 인정하는 권위의 상징인 동시에 공통되고 궁극적인 지향점이라고 해도 과언이 아니다. 물론 성적이 별로인 선수에게는 현실적 지향점이라기보다는 꿈이라는 표현이 더 맞겠지만 … .

미국사람들은 모두가 인정하는 이런 권위있는 척도를 정함으로써 해당집단의 결속을 강화하고 구성원들의 행동을 이끌어내는 데 능한 듯하다. 골프의 경우는 명예의 전당이 있기는 하지만 이보다는 메이저가 권위있는 척도이다. 미국사람들은 수많은 골프대회 가운데 4개 대회를 끄집어내서 메이저라고 규정했다. 메이저대회를 우승한 적이 있는가, 몇 번 우승했느냐는 그 선수의 greatness를 평가하는 척도이다. 이를 잘 아는 잭 니클라우스는 다른 대회는 접어두고 메이저대회 준비에만 집중한 것으로 유명하다. 니클라우스를 아직까지 역사상 가장 위대한 선수라고 하는 것도 그가 가장 많은 메이저대회를 우승했기 때문이다. 보통 대회를 합쳐 니클라우스보다 통산 승수가 많은 골퍼는 따로 있다. 샘 스니드는 PGA에서 무려 82승을 이뤘다. 52세에 PGA 대회를 우승했고 무려 67세에 젊은 골퍼들과 함께 치른 대회에서 예선을 통과할 정도로 장타력과 미학적으로 아름다운 스윙을 가졌었다고 한다. 하지만 그를 최고의 선수라고는 하지 않는다. 그는 메이저 승수 7승 에서 니클라우스 18승 에 턱없이 부족하고, 코스 세팅이 가장 어려운 것으로 평가받는 US 오픈은 우승도 하지 못했다. 타이거 우즈 역시 메이저대회에 치중한다. 조만간 우즈가 니클라우스의 메이저대회 우승기록을 깨면 우즈는 '공식적'으로 역사상 가장 위대한 선수가 될 것이다. 반면 아무리 훌륭한 능력을 갖고 있어도 메이저대회를 우승하지 못하면 위대한 선수의 반열에 오르지 못한다. 필 미켈슨은 신이 내린 쇼트게임 능력에도 불구하고 메이저 대회를 우승하지 못한 것 때문에 오랫동안 비판의 대상이 됐었다. 골프대회 가운데 가장 심리적 압박을 많이 느낀다는 라이더컵에서, 유럽의 수호신으로서, 미국 킬러로서 맹위를 떨치는 콜린 몽고메리 역시 유러피언 투어에서의 뛰어난 기록에도 불구하고 메이저 대회를 우승하지 못했다는 꼬리표가 평생을 쫓아다니고 있다. 한때 세계 골프계를 평정했던 그레그 노먼은 실력에 비해 메이저 우승횟수가 적고 메이저대회인 마스터스에서 닉 팔도에게 대역전패를 당한 것 때문에 비운의 골퍼라는 이미지마저 있을 정도이다. 메이저 딱지는 은퇴한 뒤에도 쫓아다니는 것은 물론이다. 연말이면 하는 Father/Son Challenge라는 골프대회는 골프선수가 자신의 아들과 함께 출전하는데, 여기 참가하려면 아버지가 현역시절 메이저대회를 우승한 적이 있어야 한다.

Zagat이 뭐길래

미국에서 살다 보면 조금 좋다는 식당을 갈 일이 가끔은 있다. 개인적으로 양식을 즐기지는 않지만 사람들과 만나기 위해 피할 수 없는 경우가 많다. 이때 식당을 소개하거나 접대하는 쪽에서 생색내고 싶을 때 하는 말이 있다.

여기 Zagat 점수가 몇 점입니다. 여기서 말하는 Zagat은 미국 전역의 유명 식당들의 점수를 매긴 식당 가이드북을 말한다. 30점이 만점이라고 하는데 20점을 넘으면 괜찮은 식당이고 여기서 점수가 올라갈수록 한턱 내는 사람에 대한 존경심도 올라간다.

Zagat은 70년대 말 뉴욕의 식당을 점수 매기는 데서 출발했다는데, 지금은 미국 전역의 식당은 물론 호텔까지 점수를 매기는 평가기관으로 성장했고 미국 식문화의 중요한 부분이 됐다. 양식을 좋아하는 사람들은 "올해에는 살고 있는 지역의 Zagat 점수가 높은 식당들을 다 가보자"는 식으로 한 해의 계획을 잡기도 한다. 자동차로서의 성능뿐 아니라 내비게이션 등 옵션의 탁월성을 마케팅 포인트로 택한 혼다 자동차는 차에 설치된 소프트웨어에 식당 리스트와 Zagat 점수를 제공하기도 한다.

Zagat의 사회적 효용이 무엇인지는 쉽게 짐작할 수 있다. 이런 평가 가이드북이 있으면 어떤 낯선 지방을 가더라도 식당을 선택할 때 크게 실패할 일이 없다. 사실 여행을 가서 맛없는 음식을 먹고 나면 시간을 낭비하는 것은 물론이고 여행의 중요한 부분을 날려버리는 것 같아 기분이 찜찜할 때가 많다. 낯선 곳일 경우 아무나 붙잡고서 여기 음식 잘하는 데가 어디냐고 물을 수도 없고, 또 그렇다 한들 그 사람이 정확한 정보를 줄지는 순전히 운에 달려 있다. 이럴 때 Zagat 한 권만 있으면 걱정을 덜 수 있는 것이다. 물론 이건 음식 맛을 알고 즐기는 사람들에 해당하는 말이다. 나의 경우 Zagat 점수가 높은 식당과 낮은 식당의 차이를 그다지 느끼지 못했지만, 식도락가들의 말에 의하면 확실히 다르다고 한다. 이렇듯 Zagat은 맛있는 식당으로 손님들을 모으는 역할을 하고, 따라서 식당들은 Zagat에서 좋은 평가를 받기 위해 노력하게 된다. 이런 식으로 Zagat은 전반적인 미국의 음식수준을 높이는 데 기여하는 것이다.

그렇다면 어떻게 한 책이 미국 식당업계에 이렇게 큰 영향을 미칠 수 있다는 말인가? 어떻게 이 책을 믿고? 이 책의 이름이 Zagat이기는 하지만 Zagat이란 사람이 미국을 돌아다니면서 식당에 점수를 매기는 것은 아니다. 이 책은 공정성과 신뢰성을 확보하기 위해 무려 25만 명의 식도락가들의 평을 토대로 해서 안내서를 만든다고 한다. 식당주인은 누가 와서 먹고 Zagat에 보고했는지 일일이 알 수가 없는 것이다. Zagat을 운영하는 사람에게 어떤 청탁이 올 수도 있겠다. 하지만 이런 시스템이라면 청탁을 들어주기가 어려울 것이다. 이 많은 사람들의 의견을 무시할 수는 없을 테니 말이다.

어두운 기억의 저편

이렇게 평가 이야기를 하다 보니 떠오르는 어두운 기억이 있다. IMF와 관련된 기억 말이다. 당시 미국에서 어떤 사람들이 오면 한국 언론은 온통 미국 대통령이라도 온 듯 관심을 보였던 일이 있다. 이 사람들은 미국의 고위 공무원들도 아니고 그저 어떤 기관의 중역들이었는데 이 사람들이 근무하는 회사의 이름은 외기도 힘들었다. 무디스 Moody's 와 스탠더드 앤드 푸어스 Standard & Poor's 이다. 그 전까지는 경영학 교과서에서 배운 일이 있었지만 이들이 이렇게까지 센 사람들인 줄은 몰랐었다. 여기서 하는 일이라는 것이 회사들의 신용등급을 매겨서 금융시장에서 그 회사가 발행하는 채권의 금리가 결정되는 데 결정적인 역할을 하는 일이다. 이들은 회사도 모자라 국가의 신용등급도 매겼는데, 이에 따라서 우리나라가 해외에서 빌리는 돈의 이자율이 결정됐던 것이다. 이들이 오면 온 국민과 정부가 이들의 입에서 한국에 대한 긍정적인 말 한마디를 듣길 애타게 원했다.

미국의 일개 회사인 이들이 행사하는 국제적인 영향력은 실로 놀랍다. 이들의 평가에 따라 한 나라가 외환위기를 맞을 수도 있는 것이다. 따라서 이들의 평가를 놓고 늘 뒷말이 나오게 돼 있다. 부정적 평가가 나오면 이건 미국정부와 월가가 짜고서 한 일이라는 음모론이 제기되기도 한다. 여기서 무디스나 스탠더드 앤드 푸어스가 늘 객관적이고 공정한 평가를 하는지 아니면 때로는 정말 이런 음모론이 작용하고 있는지를 알 수는 없는 일이다. 하지만 하나 분명한 것은 미국은 이런 평가시스템 하나로 고부가가치를 창출하고 있고 세계적 영향력까지 보유하는 일석이조를 누리고 있다는 것이다.

자본주의가 잘되기 위해 효율적 자원배분이 이뤄져야 한다는 것은 상식에 속한다. 하지만 무슨 수로 효율적 자원배분이 이뤄진다는 말인가? 돈 되는 곳에 투자를 하기 위해서는 그곳에 대한 평가를 누군가 해줘야 하는 것이다. 미국은 바로 이 평가를 부정 없이 공정하게 해주는 시장을 선점했고, 또 별다른 스캔들 없이 선두주자의 자리를 내주지 않고 있다. 투자자들을 대신해 회사와 국가를 평가해 주는 이런 회사들의 사회적 효용은 물론 단순히 이런 회사들이 돈을 벌어들이고 고용을 창출한다는 미시적 부분에 그치지 않는다. 투자하기 위험한 곳과 안전한 곳을 알려줌으로써 투자자의 돈, 즉 자원이 능력있는 회사에 우선적으로 배분되고 이런 자원은 다시 output으로 극대화된다. 나라경제가 잘되는 것이다. 한 평가회사의 간부가 고향 선배가 하는 변변치 않은 회사에 좋은 신용등급을 주는 상황을 가정해 보자. 투자자들은 이를 믿고 투자했다가 돈을 날릴 것이고, 더 능력있는 회사는 그 돈을 받지 못해 투자를 못하고 output을 내지 못하는 결과를 가져올 것이다.

평가는 사회의 잠재력을 생산적인 방향으로 이끌어가는 원동력이다. 이번 주말에 어떤 영화를 봐야 할까 고민하는 영화팬도, 이번 출장에 가는 피닉스에서 어떤 식당을 가야 하나 계획하는 비즈니스맨도, 퇴직금으로 받은 돈으로 어느 회사의 채권을 사야 할까 망설이는 50대 부부에게도 이들의 의사결정을 도울 평가는 필요하다. 올바른 평가시스템은 이들의 행복을 증진시켜 주고 사회를 발전시킨다. 권위 있는 평가시스템은 또 사회 구성원들에게 목표를 제시해 주고 꿈을 실현하기 위해 노력하는 동기를 부여하기도 한다.

어느 어린 흑인 소년골퍼는 잭 니클라우스가 세운 메이저 18승을 내가 깨겠다는 목표를 세우고 연습공을 쳤을 것이다. 지금도 그 목표는 그의 표정에 섬뜩한 의지와 카리스마를 덧칠하고 있을 것이다.

우리나라는 어떤가

앞장의 서두에서 나라의 운명을 생각하며 서유견문을 쓰셨을 유길준 할아버지를 언급했었다. 우리나라에 대해 쓰는 것은 이 책의 제목이나 주제와 다소 다르다. 하지만 미국 얘기를 하다 보니 한국 이야기가 나올 수밖에 없는 점이 있다. 또 이 책의 사회적 효용을 조금이나마 높이고자 하는 바람에 시도하고자 한다.

미국은 그렇고… 그렇다면 한국은 어떤 사정인가? 앞서 미국에 대한 비판도 조금 했기 때문에 찬미적 사고를 가진 한심한 자라는 욕을 먹지 않았으면 하는 게 바람이다. 미국 칭찬을 한 다음에 한국의 안 되고 있는 상황을 쓴다는 게 사실 유행에 뒤떨어지는 일이고 70년대적인 면이 있는 것도 사실이다. 하지만 한국에서 '평가'의 문제는 짚고 넘어가지 않을 수 없다는 것이 이 책의 논리전개상 자연스런 귀결인 듯싶다.

2006년 11월 각 언론에는 이런 줄거리의 사건이 보도됐다. 서울시 교육청의 한 연구관이 학부모들로부터 돈을 받고 학생들이 과학발명품 경진대회에 출품할 작품을 대신 만들어 줬는데, 이 학생들은 이 발명품으로 입상했고 결국 대학의 특기자 전형에 합격해 대학생이 됐다는 것이다. 이 기사를 보는 반응은 대개 이런 것이 아닐까 짐작된다. 아니 교육자라는 사람이 어떻게 돈을 받고 학생 작품을 대신 만들어 준다는 말인가? 도덕이 땅에 떨어졌다. 돈만 있으면 안 되는 게 없는 세상이야.

하지만 이런 일들을 이런 식으로 개인화하기만 하고 그냥 잡범으로 넘기는 것은 사회의 발전에 도움이 되지 않는다. 피해를 본 대학은 그 과학경진대회의 입상경력을 학생을 평가하는 척도로 여겼을 것이다. 이 연구관이 한 일이 사실이라면 이 연구관은 단순히 교육자의 윤리를 어긴 것뿐만이 아니라 사회발전의 한 축을 이루는 평가시스템을 훼손한 것이다. 재능을 가진 학생이 대학에 가서 공부를 하고 나중에 국가에 기여하는 시스템이 무너진다면 이는 사회적으로 엄청난 손실일 것이다. 공정성이 없는 대학입시제도를 생각해 보자. 실력이 되지 않는 학생들이 편법적 수단을 통해 이른바 일류대학에 들어가고, 특히 한국 같은 상황에서 이들이 이런 간판을 내세워 사회에서 별

다른 노력 없이 성공하고 지도자가 된다면 이런 지도자는 결국은 자의가 아닐지라도 나라에 해를 끼칠 수 있는 것이다. 그래서 평가시스템을 어지럽히는 범죄들은 사회에 대한 도전인 것이다.

이런 말들이 추상적이고 피부에 와 닿지 않을 수도 있겠다. 내가 직접 당하지 않은 일이니 그럴 수도 있다. 그렇다면 우리 모두가 겪은 일을 생각해보자. IMF는 왜 왔는가? 여러 가지 이유가 있겠지만 내가 추정하는 한 원인은 한국경제의 낙후된 평가시스템이다. 당시 위기가 한보와 기아자동차의 부도와 그에 따른 은행들의 급격한 부실화, 이에 대한 외국투자자들의 패닉에서 비롯된 것은 모두 아는 사실이다. 나중에 안 일이지만 이들 회사의 회계장부에는 많은 문제가 있었다. 회사의 재정이 잘 나타나 있어야 할 회계장부에는 이런 회사들이 이익도 잘 내고 재정상태도 건전한 것으로 돼 있었다. 쉽게 말해 장부가 허위였다는 것이다. 하지만 이 회사들의 회계장부 감사를 맡은 공인회계사들은 이런 허위장부가 별 문제가 없다는 도장을 찍어줬다. 회계시스템은 무엇인가? 주주나 채권자 같은 사람들이 그 회사의 재정상태가 어떤가를 알아보기 위해, 그 회사에 투자해도 안전한가를 알기 위해 보는 것이 회계장부인 것이다. 결국 회계라는 평가시스템이 말이 아니었던 것이다. 이를 믿고 투자한 주주나 채권자들은 돈을 날려야 했다. 오죽하면 외국 투자자들이 IMF 이후 투자의 전제조건으로 투명한 회계시스템을 요구했겠는가?

회계사들은 그렇다 치고 이들에게 돈을 빌려 준 은행들의 이 회사들에 대한 평가는 잘 이뤄지고 있었는가? 경영이 형편없었는데도 이들에 대한 신용평가는 제대로 이뤄지지 않았다. 제대로 했더라면 돈을 일찌감치 회수했든지 더 빌려주는 것을 중단해 손실을 줄이든지 했을 것이다. 현실은 그렇지 않았다. 밑 빠진 독에 물 붓기 식으로 돈을 빌려 줬다. 우리나라에 신용평가기관은 어디 있었단 말인가? IMF 이전 많은 은행들은 주주의 이익을 위해 기업들에 대한 정확한 평가를 근거로 돈을 빌려주기보다는 기업의 로비를 받은 정치권이나 정부 관계자의 압력, 기업과 은행 담당자의 유착관계 등에 따라 돈을 빌려 줬다. 그런 것들을 그저 단순한 도덕적 차원에서 정경유착이라고 비난하기도 했다. 하지만 그것이 단순히 사회의 도덕적 타락이란 정신적 차원에서 끝나지는 않았다. 그저 특정 집단에 속한 정치인들과 경제인, 그들의 후손들이 국민들에게 고루 나눠져야 할 돈을 도둑질해 가는 정도에서 끝나지 않았다는 것이다. 그 이상의 경제적, 인간적 고난이 온 국민에게 돌아갔다. IMF 위기가 왔고 그 피해는 돈을 마구 빌려 줬던 은행의 수많은 직원들에서부터 재래시장의 상인에게 이르기까지 상상을 초월했다.

IMF 이후 실직자와 그 가정들이 겪었을 피눈물 나는 개인적 고통을 감히 짐작한다고조차 말하지 못하겠다. 개별회사의 재정적, 경영적 건전성을 엄정하게 평가하고 이에 따라 투자가 결정되는 평가시스템이 우리나라에 정착돼 있었다면 그래도 IMF는 왔을 것인가? 그것을 제대로 못하고 나니, 무디스니 스탠더드 앤드 푸어스니 이런 외국기관들이 들어와서 우리가 제대로 하지 못했던 우리 경제와 회사들에 대한 평가를 그들이 하고, 우리는 그것에 목을 매는 상황이 벌어졌다.

평가시스템은 일종의 staff적인 기능인지도 모른다. 평가시스템이 열악하다고 해서 그 나라 국민의 능력, line적 기능이 모자라다는 걸 의미하지는 않는다. 하지만 평가시스템이 나쁘면 능력있는 개인이나 기업에게 자원이 배분되지 않고 편법이 평가시스템을 대치하면서 능력을 극대화할 수 없게 만든다. 나아가 위기를 부를 수도 있다. 능력보다는 '빽'이 중요하다는 식으로 사회적 분위기가 냉소적으로 흐르는 것에서 끝나지가 않는 것이다. 한국이 그토록 빨리 IMF를 빨리 탈출한 것은 능력이 있다는 반증이다. 동시에, 정말 겪지 않아도 될, 터무니없는 일을 겪었다는 반증이기도 하다.

론스타의 아이러니

론스타 검찰수사로 여론이 떠들썩했다. 한쪽에서는 공무원들이 부당한 압력을 행사해 미국회사들이 엄청난 이익을 챙기도록 도와줬으니 꼭 밝혀내야 한다고 말한다. 일부이지만 반대쪽에서는 당시 국가경제상 외국투자자본이 들어오지 않으면 나라가 위태로운 상황이었는데 이제 와서 물에 빠진 사람 건져주니 보따리 내놓으라는 식은 세계화 시대에서 곤란한 논리라고 반박한다. 문제의 핵심은 당시 고위 경제관료들이 외환은행의 매각에 급급한 나머지 론스타가 인수할 수 있도록 외환은행의 BIS 국제결제은행 자기자본 비율을 낮추도록 압력을 가했느냐는 것이다. 매우 테크니컬한 부분이어서 BIS 비율 조정 자체가 위법이었는지를 밝힐 수 있는지는 의문이고, 그 증거로 관료들이 뇌물을 받았느냐로 초점이 가고 있는 듯하다. 어쨌든 중요한 것은 BIS가 사실과 다르게 하향조정됐느냐가 중요하다. 여기서 BIS 얘기를 하는 것은 BIS가 은행경영의 건전성을 '평가'하는 중요한 지표이기 때문이다. 검찰의 주장대로 정부관료들이 이 평가지수를 적당히 조작하도록 압력을 행사했다면 아이러니가 아닐 수 없다. 당초 IMF 위기가 온 것이 우리나라 평가시스템의 낙후성 때문이라고 했는데 그렇다면 이 IMF 위기를 극복하기 위해 평가시스템을 또 훼손하는 일이 일어났다는 것이기 때문이다.

론스타와 관련된 논란을 지켜보면서 느끼는 것이 있다. 그건 이 수사가 마치 외국인들이 엄청난 이익을 챙겨가 국부유출을 아쉬워하는 여론 때문에 진행된다는 인상을 줘서는 곤란하다는 것이다. 그리고 국민들도 무조건 국부유출에 집착해서는 안 된다. 논의의 초점은 어디까지나 공무원들이 경제에서 중요한 평가지수인 BIS 비율을 하향조정하도록 부당한 압력을 가했느냐는 것을 경제정의의 차원에서 밝힌다는 데 모아져야 한다. 초점이 평가제도의 건전성을 훼손했느냐 여부에 모아져야 한다는 것이다. 입만 열면 한국 재무제표를 믿을 수 없다고 불평하는 외국 투자자들 입장에서 이마저 트집

잡을 수는 없을 것이다. 오히려 글로벌 스탠더드를 향한 한국정부의 결연한 의지로 알리는 전략이 필요하다. 국부유출의 'ㄱ'자도 공식적으로 언급하지 말아야 한다. 어차피 외국 투자자들의 입장에서 보면 한국의 부를 유출시키기 위해 투자를 하는 것이다. 우리도 다른 나라에 투자할 때 그 나라의 부를 우리나라로 유출시키기 위해 노력하지 않는가? 그것을 갖고 국부유출이라면서 마치 무슨 큰 나쁜 일인 양 취급하고, 앞으로도 한국에서 큰 이익을 내면 수사를 받겠구나 하는 인상을 준다면 이는 외국 투자자들 입장에서 보면 앞뒤가 맞지 않는 일방적 태도일 수 있다는 것이다. 애국심이 논리적 사고를 방해하면, 한국 안에서 우리끼리는 행복하겠지만 국제관계에는 도움이 되지 않는다. 우리나라는 아직도 외국자본의 투자가 필요하다.

Enron이 있던데?

물론 미국에 평가시스템을 훼손하는 범죄가 없다는 것은 아니다. 미국에도 회계부정에 의한 대형 스캔들이 심심찮게 난다. 가장 유명한 것은 에너지 회사 Enron의 몰락일 것이다. 한때 매출이 천억 달러가 넘던 이 초대형 회사는 간부들이 회계장부를 조작해 주주와 투자자, 종업원을 속여 유례없는 기업의 대몰락을 가져왔다. Enron의 몰락은 미국경제에 엄청난 파문을 일으켰다. 우량주인 줄 알고 이 회사에 연금을 투자했던 할아버지 할머니들, 2만 명이 넘는 종업원과 그의 가족들, 회사가 소재하고 있던 휴스턴의 지역경제가 모두 희생자였다.

하지만 여기서 우리나라와 다른 것이 있는데, 그것은 이런 스캔들에 책임 있는 자들에 대한 '피의 보복'이다. 이 회사를 감사했던 회계법인은 그 유명한 Arthur Andersen이었다. 미국에서 공부할 당시 저 회사 들어가면 돈 많이 번다던데 하면서 잠시 기웃거렸던 기억이 있다. 미국 회계법인 가운데 이른바 빅 5에 속했던 이 회사는 이 일로 완전히 망했다. 아직도 이 회사에 대해서는 백여 개의 민사소송이 걸려 있다고 한다. '적정'의견을 냈던 회사가 망해도 회계사들이 나중에 헤쳐모여 해 다시 '전문가' 행세를 하면서 일하지는 않는다는 것이다. 장부를 속인 경영자에 대한 처벌도 우리 기준으로 보면 가혹하다 싶을 정도이다. Enron의 케네스 레이 회장은 회계부정이 터진 뒤 대대적 수사 끝에 기소돼 10개의 죄목에 대해 유죄판결을 받았다. 이에 따르면 레이 회장은 감방에서 2~30년을 지내야 하는 것이었다. 나이도 많고 건강도 좋지 않고… . 늘 하는 얘기들을 미국 변호사들도 호소했지만 먹히지 않았다. 스트레스에 시달리던 레이는 결국은 법의 준엄한 심판을 받기 전 심장마비로 사망했다. 이 회사의 CEO였던 제프리 스킬링은 19개 죄목에 유죄를 선고받고 24년의 징역을 살게 되었다. 24년! 살인범에 맞먹는 형량이다.

이런 일이 우리나라에서 일어났다면 어떻게 됐을까? 기업인들에게 인자한 우리나라 법원이 이런 판결을 내릴지가 우선 의심스럽기는 하지만 … 그래도 그런 일이 일어났다고 치자. 일단 전경련 같은 단체에서 '경제를 살리기 위한 대화합 차원'에서 관용을 베풀어야 한다고 촉구했을 것이다. 이래서야 기업인들이 투자할 분위기가 되겠느냐는 협박성 멘트도 나올 법하다. 보수 정치인들도 동조했을 것이고 진보라고 분류되는 일부 정치인들도 부드러운 이미지를 과시하기 위해 비슷한 입장을 취할 것이다. 다만 좌측에 서 있는 진보단체들은 일제히 기업인 범죄에 면죄부를 줘서는 안 된다는 주장을 펼 것이다.

여기서 이해가 가지 않는 것은 왜 한국의 좌익 진보단체와 자본주의의 최첨단을 달리는 미국의 입장이 일치하느냐는 것이다. 여기에는 분명 어떤 이념적 착각이 있는 듯하다. 회계부정 같은 기업인의 범죄에 관대하게 대응하는 것은 전혀 우익보수, 자본주의적 입장이 아니다. 보수정치인이나 자본주의의 보루단체인 전경련에서 주장할 일이 아니라는 것이다. 자본주의의 뼈대를 이루고 있다고 해도 과언이 아닌 자본시장은 정확하고 공정한 회계정보를 이용해 투자자들이 합리적 결정을 하는 것을 전제로 성립한다. 또 주주와 채권자들이 회사의 경영자를 믿고 자신의 돈을 맡길 수 있다는 전제가 성립해야만 투자할 수가 있다. 이런 투자제도를 기반으로 자본주의가 번창하는 것이다.

그런데 여기서 재무정보를 훼손하는 일이야말로 가장 반자본주의적인 범죄이고, 우익 자본주의자라면 극렬하게 이에 반대해야 하는 것이다. "한국에서는 1조 원이 넘는 분식회계를 해도 징역 3년 정도만 나올 것이다. 그나마 6개월 정도 복역하면 보석으로 석방될 것이다. 한국법원은 미국에 비해 매우 '인간적'이다." 이런 말을 한 사람이 있었다. 한국의 진보단체 인사가 아니다. 이 말을 한국의 판사들 앞에서 한 사람은 다름 아닌 전 주한 미상공회의소 회장을 지낸 제프리 존스이다. 주한 미상공회의소, 암참AMCHAM을 미국 자본주의의 첨병, 그 단체 회장을 자본주의자라고 불러도 그들이 화를 내지는 않을 것이다. 이 '자본주의자'들에게 한국판사들의 이 기업인 범죄와 분식회계에 대한 '인간적'인 판결은 매우 거슬리는 일이었던 것이다. 그의 '인간적'이란 에두른 표현에서 "너희들이 다른 범죄자들에게도, 또 평상생활에서도 그렇게 '인간적'이냐"는 냉소가 느껴졌다면 나만의 착각일까? 여하튼 존스는 이 강연에서 자신이 왜 더 분식회계에 대한 강한 처벌을 원하는지 일단을 보여준다. 그는 "법치주의의 실현을 위해 여러분의 역할이 가장 중요하다. 여러분에 의해 법치주의가 실현된다면 5년 후 주가지수는 2배로 오를 것이다"라고 말했다. 기업인 범죄에 대한 관대한 판결이 결코 '경제를 위한' 조치가 아니라 한국경제를 해치고 있다는 것이다.

기업인 범죄가 일어날 때마다 한국에서 이뤄지는 겉만 훑는 논의들을 바라보고 있노라면 가끔 현기증이 날 때가 있다. 21세기에 사는 우리는 도대체 언제까지 경영자들의 범죄에 대해 이토록 법을 무시하면서까지 관대해야 하는가? 그렇다면 미국인들이 급진좌익이어서 이토록 범죄 기업인들에게 가혹하다는 말인가? 이런 착각은 아마도 경영자가 곧 기업이라는 고전적이고

봉건적인 사고에서 비롯된 듯한데 자본주의적 사고에 의하면 경영자는 주주를 위해 회사를 돌보는 대리인일 뿐이다. 내가 여기서 기업회계부정 같은 범죄에 단호해야 한다고 하는 것은 내가 우익 자본주의자라서는 아니고 사회의 평가시스템을 훼손한 데 대한 응징이 필요하다는 차원에서 얘기하는 것이기는 하다.

평가시스템에서 자본주의로 글이 조금 샌 것 같다. 다시 돌아가 보자. 우리나라의 평가시스템은 어떤가? 가장 대표적인 평가시스템은 대학입시제도가 아닌가 싶다. 요즘은 그저 매일같이 대학논술이 화제다. 왜 논술문제를 이렇게 어렵게 내서 학생과 부모들을 골탕 먹이느냐는 것이다. 대학들 때문에 사교육비가 엄청나게 나가고 있고, 학생들은 쉴 틈도 없이 학원으로 내몰리고 있다고 한다. 이런 교육풍토에 환멸을 느낀 나머지 부모들은 자녀들을 유학 보내고 있다는 비판도 들린다. 그러면 대학들은 왜 이런 모든 '사회적 문제'를 일으키면서 논술에 집착하는 것일까? 그건 기본적으로 평가시스템에 대한 불신 때문일 것이다.

우선 내신. 대학들은 너무나도 당연하지만 좋은 학생을 뽑아 학교를 발전시켜야 한다는 거역할 수 없는 생존본능을 갖고 있다. 대학들은 고등학교마다 학생 수준 차가 천차만별인데 어떻게 내신으로 학생을 선발할 수 있느냐고 묻는다. 내신에 포함된 과목들도 이런 과목들을 잘하는 게 대학에서의 수학능력과 무슨 상관이 있느냐는 의문을 갖게 한다. 또 내신이 과연 교사들에 의해 엄정하게 평가되고 있는지도 의문을 가질 법하다. 그래서 국가적으로 수학능력시험을 실시하는데, 여기에 대해서도 불만이 많다. 문제가 너무 쉬워서 변별력이 없다는 것이다. 국가는 수능시험을 어렵게 낼 경우 과외를 조장한다는 비판이 쏟아질까 봐 정치적 부담 때문에 문제를 어렵게도 내지 못한다. 결국 믿을 수 있는 평가시스템은 자기네가 직접 만든 논술이라는 것이 대학당국의 논리일 것이다. 하지만 대학이 내는 논술에 대해서조차 비판은 제기된다. '특정 전공의 경우 논술능력이 꼭 필요한 것이냐'에서부터 '주관식 문제인 논술의 채점이 과연 얼마나 표준화될 수 있느냐'에 이르기까지.

사회의 대다수 구성원이 변별력 있고 공정하다고 받아들이는 대학입시 평가시스템이 없기 때문에 논란은 끝이 없다. 이 가운데는 사교육부담 경감처럼 해결방안이 없는 걸 해결하려는 데서 나오는 소모적 논란도 있기는 하다. 학부모들의 교육열이 있는 한 이건 사실 해결하기 힘든 것 아닌가? 사교육 없애겠다고 평가 자체를 안 할 수는 없는 것이다. 이 논란 가운데 학부모와 학생, 사회가 느끼는 정신적 피로는 쌓여만 간다. 이 평가시스템에 어떻게 대처해야 하는가? 정권이 바뀌면 또 어떻게 바뀔 것인가?

회사도 비슷한 사정이라고 한다. 세일즈 업무나 증권회사의 일부 직종 같은 경우를 제외하고는 대부분 회사원의 성과는 정확히 숫자로 평가되지 않는다. 최대한 객관적인 평가제도를 통해 승진과 임금인상이 결정돼야 하지만 그렇지가 못하다고 한다. 상사들은 직원들이 성과를 올리도록 독려하고 성과를 올리는 직원들은 제대로 평가해 보상하는 직장문화가 필요하다. 그런데 이게 사주와의 학연이니 지연, 상사와 평소의 친분관계, 나온 대학에 따라 결정되기 때문에 잡음이 끊이지 않는다. 대기업 임원들의 경우 치열한 정치투쟁에 따라 운명이 결정된다는 고백도 있다. 회사의 평가시스템에 대한 믿음이 없으니 회사일보다는 사내에서 네트워크 만드는 데 더 공을 들인다. 회사가 더 잘될 수 있는 기회를 놓치고 있는 것이다. 그나마 잘나가는 회사는 이런 게 덜하기 때문에 구성원들이 일을 더 열심히 하는 것이라고 봐도 크게 틀리지는 않을 것이다. 평가에 대한 불신이 극단적인 경우에는 아예 평가 자체를 거부하기도 한다. 연공서열로 가는 게 차라리 낫다는 말도 나온다. 사정이 이렇다 보니 구성원들에게 동기를 부여하기 위한 평가제도는 신자유주의적 사고방식이라고 매도당하기가 일쑤이다.

어디 회사뿐이겠는가? 공무원은 그렇지 않겠는가? 물론 능력과 자격요건이 비슷하다면 선거를 통해 정권을 잡은 사람들이 이왕이면 잘 아는 공무원을 기용하는 것은 당연한 일이다. 그것마저 싸잡아서 비난한다면 그 또한 정치투쟁일 뿐이다. 하지만 이것이 도를 넘어서면 평가시스템은 무너지고 그 조직에는 냉소적 분위기가 지배하게 된다. 일을 열심히 할 리가 없는 것이다.

우리나라에서 신화적이고 입지전적인 인물들이 나오는 경우를 보면 성과가 정확히 측정되는 분야인 경우가 많다. 누가 무슨 기술을 개발했다든지, 누가 얼마 만에 몇 대를 팔았다든지, 누가 약정고를 얼마나 올렸다든지, 어느 연출가나 감독이 연출했더니 시청률이 얼마 오르고 관객이 얼마나 들더라…. 특히 연예인이 대표적 경우가 아닌가 싶다. 인터넷을 보면 온통 연예인 이야기가 화제이다. 우리가 자랄 때도 연예인 이야기는 화제를 모았다. 무슨 선데이 서울이니 하는 잡지들이 잘 팔렸던 기억이다. 하지만 지금처럼은 아니었던 것 같다. 지금은 인터넷 검색어 1위가 연예인과 관련된 경우가 많다. 인터넷 언론이 언론 전반의 하향평준화를 선도하고 있는 것 아닌가 하는 우려가 들기도 한다. 하지만 대중이 연예인에 대해 그토록 관심을 갖는 데는 연예인의 수입이 늘어나고 이에 따라 사회적 지위가 격상한 것도 관련이 있을 것이다. 돈을 잘 버는 사람에 대해서는 더 관심이 가고 그 사람들이 더 멋있어 보이게 마련이다. 정말이지 잘나가는 연예인은 어마어마한 돈을 번다고 한다. 개그맨 유재석, 탤런트 최진실 같은 사람들이 한 회 출연에 얼마를 받는다더라가 화제이다. 이들이 우리사회에서 다른 직종에 비해 각광을 받는 것은 다름아니라 평가시스템이 비교적 확실하기 때문이라는 생각이다. 이들에게는 출연하는 프로그램이나 영화의 성과에 따라 보상이 주어진다. 자신의 일이 정확히 평가받고 거기에 따라 보상을 받으면 열심히 일을 하게 되고 '신화적 존재'도 된다.

이승엽 선수는 이제 한국은 물론 일본에서도 야구영웅이 됐다. 이 선수가 당초 한국에서 슈퍼스타가 된 과정을 생각하면 이해가 쉬울 것이다. 이승엽은 왜 스타가 됐는가? 딱 떨어지게, 한 시즌에 홈런을 몇 개 치더라는, 누구도 토를 달 수 없는 평가가 나와서가 아닐까? 이 선수에게는 내년에는 홈런을 몇 개 쳐서 평가를 받고 어떤 보상을 받아야지 하는 목표의식이 있었을 것이다. 한국이 WBC에서 미국 같은 나라들을 제치고 두각을 나타낸 것도 우연은 아니라고 본다. 하지만 그 밖의 분야, 평가가 숫자나 사실로 드러나지 않는 분야에서는 유감스럽게도 그런 인물이 잘 나오지 않는다. 한국의 빈약한 평가문화와 무관하지 않다고 본다. 한국에서 이런 평가문화가 개선되지 않을 거라는 전제를 믿는다면, 야망이 있는 젊은이들에게 자신이 한 일에 대한 평가가 확실하게 이뤄지는 분야를 선택해 도전해 보라고 권하고 싶다.

매서운 평가가 없다

그렇다면 무엇이 문제인가? 왜 공정하고 객관적인 평가시스템이 드문 것인가? 그러기 위해서 다시 뚱뚱이와 홀쭉이, 시스켈과 에버트로 돌아가 보자. 처음 이들의 프로그램을 봤을 때 무엇보다 충격은 이런 프로그램도 가능하다는 것이 아니었다. 그것보다는 이 사람들이 하는 말이었다. 특히, 자신들이 좋지 않다고 직업적 명예를 걸고 판단한 작품에 대한 혹평 말이다. 잔인하고 무자비할 정도였다. 아무리 그래도 저렇게까지 말할 수 있는가 하는 경이감 말이다. 우리 사회의 기준으로 볼 때 그런 영화평을 본 적이 별로 없었던 것이다.

이 책을 쓰기 위해 요즘 우리나라의 영화평은 어떤가를 찾아봤다. 특정 영화를 찍어서 찾아봐야 할 텐데… 최근에 텔레비전에서 본 한 영화를 선택하기로 했다. 여기서 그 제목은 밝히지 않겠다. 내가 이 장에서 밝힌 것처럼 가혹하지 못해서라고 하면 할 말 없다. 하지만 그보다는, 그 수많은 나쁜 영화와 그에 대한 영화평 가운데 내가 우연히 봤다고 해서 이 영화 이름을 밝힌다는 게 공정하지 못하다는 느낌이 들어서이다. 어쨌거나 나는 할 일도 없고 해서 이 영화를 보게 됐다. 주연배우들의 코믹연기가 눈길을 끈 것도 있었다. 하지만 이 영화가 매우 못 만든 영화라는 것을 알아채기까지 많은 시간이 걸리지는 않았다. 그래도, 할 일도 없고 같이 보던 가족들도 있고 해서 볼 수밖에 없었다. 배우들의 연기는 그런 대로 볼 만했다. 하지만 코미디 속에 교묘하게 숨어 있는 전근대적 남성우월주의가 남자입장에서조차 낯간지러웠고, 보는 사람의 지능을 모독하는 스토리 전개, 싸가지 없는 주인공이 나중에 잘되는, 맘에 들지 않는 해피엔딩하며, 한마디로 이런 영화 본다는 게 시간낭비라는 생각이었다. 이런 영화 개봉하기 전에 홍보는 얼마나 했을까? 대강 '후까시' 팍팍 넣어서 분위기 조성하고 초반에 개봉관 많이 잡아서 흥행 올리고 튄 것은 아닐까? 이렇게 텔레비전에서 방영하고 시청자들 시간낭비시키고는 방송사로부터 또 돈을 받았겠지… 방송사는 왜 이런 영화를 선택한 거야? 등. 책 앞부분에서 예로 들었던 마이클 제이 폭스가 주연한 The Secret of My Success보다 훨씬 못 만들었다는 게 개인적인 생각이다.

그렇다면 이 영화에 대한 평론은 어땠을까? 너무나 당연하지만 이 영화를 잘 만들었다고 평가한 평론가는 찾지 못했다. 하지만 그 평이 약했다. 줄거리를 쭉 얘기해 준 다음 캐릭터가 설득력이 없다, 아쉬운 부분이 없지 않다 식으로 부드럽게 만져 준다. 그보다는 이 영화가 흥행에 성공할 것인가에 관심을 갖는다. 사실 영화평론이란 일이 이 영화가 성공할 것인가를 예측하는 것은 아닐 것이다. 어느 것 하나 가슴 후련하게 때려주는 평은 찾기 힘들었다. 그런데도 이 영화와 관련된 기사는 문화면에 꽤 많았다. 예상대로, 이 영화에 나오는 주연배우들의 인터뷰 기사 등을 싣는가 하면 영화와 관련된 낙수거리, 이 영화가 과연 쟁쟁한 국내외 영화와 경쟁에서 이길 것인가 하는 류의 기사들 말이다. 어느새 부정적 톤의 영화평은 잊히고, 전반적으로 주연배우의 데뷔 이후 활동과 영화감독에 대한 소개, 영화배우의 시시콜콜한 신변잡기 등이 양적으로 훨씬 많았다. 이것은 결국 이 영화에 대한 호기심만 자극해 독자들에게 홍보가 되는 역효과를 낳고 있었다. 영화평론에서 눈길을 거두고 인터넷에서 찾은 한 영화팬의 평가가 오히려 신선했다. 한 인터넷 사이트의 영화페이지 네티즌 리뷰에 실린 글이다.

> 처음에는 설마 영화 띄워주는 알바들이 진짜 있을까 하는 의구심이 있었지만 그래도 믿고 봤거덩요… 이젠 정말 알바들이 있다는 걸 믿습니다. 와이프랑 둘이서 이 글 쓰면서도 욕 나옵니다. 시간, 돈, 기타 등등 너무 아깝습니다. 눈에 보이는 짜맞추기식 줄거리, 억지웃음 유도… 앞으로는 이곳 영화평 안 보고 직접 영화 본 주변 사람에게 물어보렵니다. 너무 악

> 평이라 저두 미안하고 보는 사람들마다 다르겠지만 먼저 쓴 평들 중 호평은 정말 아닌 듯합니다. 영화사, 배급사 분들! 스크린 쿼터 꼭 사수하셔야 합니다. 그래야 먹고삽니다. 꼭!

아! 가식없이 핵심을 집어내는 글은 늘 상쾌감을 준다. 그런데 이 영화에 대한 언론의 조명을 관찰하면서 걱정되는 게 있었다. 스크린 쿼터 말이다. 이렇게 못 만든 영화가 엄정한 평가를 통해 걸러지지 않고 온상 속에서 흥행에 성공한다면 한국영화의 미래는 어떻게 되는 것인가? 제대로 평가해서 잘 만든 영화는 흥행이 되도록 길잡이가 되고 형편없는 영화는 앞으로 못 만들도록 해야 하는 것 아닌가? 영화 못 만들어도 보도자료 잘 만들고, 동호인 사이트에 알바 동원해서 좋은 평 쓰게 하고, 배우들 방송과 신문에 내보내 홍보하고… 이런 사술로 영화관에 관객이 들게 할 수 있다면 장기적으로 한국영화에 무슨 도움이 되느냐는 의문 말이다. 혹시 허황된 자기만족에 젖어 있다가 수준이 하향평준화돼 미국영화에 대한 경쟁력을 잃지는 않을까? 영화팬도 한두 번 속지 계속 속는 것은 아닐 것이다.

영화평 하나 갖고 너무 엄숙한 것 아니냐는 지적이 있을 수 있겠다. 사실 이 영화가 흥행에 성공했던 것 같다. 많은 사람들이 영화를 보면서 웃고 즐겼으면 되는 거지 무슨 얼어죽을 작품성이냐고 물을 수도 있겠다. 이렇게 말하는 나의 영화취미도 그리 고상하지는 않다. 프랑스 영화라면 질색이고 할

리우드 영화가 더 좋다. 가장 재미있게 봤던 코미디 영화가 총알 탄 사나이 The Naked Gun 였으니 오죽하겠는가? 영화관에서 이 영화를 보다 하도 웃어서 좌석에서 떨어질 뻔했다. 하지만 저질도 머리 좋은 사람들이 잘 만든 저질이 있고 엉성한 저질이 있다. 어떤 과정을 거쳐 사람들이 많이 보게 됐는지는 무시하고, 흥행결과가 좋았으면 '만사 ok!'라면 구태여 영화평론도 할 필요가 없을 것이다.

情 많은 사회: 한국이 너무 좁다!

우리나라 영화평론의 수준이 다른 사회분야에 비해 낙후돼 있다는 것은 전혀 아니다. 그럴 만큼 한국의 영화평론계에 대해 아는 것도 없다. 남 못지않은 직업의식을 갖고 계신 분들이 종사하고 있을 것으로 확신한다. 난 영화를 좋아하는 사람들 가운데 나쁜 사람 별로 없다는 자기합리적 편견을 갖고 있다. 영화를 얼마나 좋아했으면 평론가까지 됐겠는가? 여기서 예를 드는 것은 우연히 휴일에 텔레비전을 보다가 알게 된 영화가 있었기 때문이다. 그리고 '잘 못 만든' 이 영화가 성공한 데는 영화가 별 볼일 없다는 것을 알면서도 흥미위주의 가벼운 주변기사를 지나치게 많이 다뤄 준 신문과 인터넷 언론의 기여가 더 컸는지도 모른다. 얘기하고 싶은 것은 왜 우리 사회의 전반적인 평가시스템이, 또 우리 사회의 문화가 Siskel & Ebert처럼 때로는 냉정해질 수 없느냐는 것이다. 그것이 사회의 발전에 필요한 것인데도 불구하고… .

여기서 우리가 한국사회에서 어떤 사람이나 그 사람의 일에 대해 평가해야 한다는 입장에 서 보자. 평가자는 그 분야에 상당기간 종사했을 것이고 평가를 받는 사람과는 알고 있을 가능성이 높다. 우리나라같이 좁은 나라에서 평가자와 피평가자가 전혀 모르는 사람일 가능성은 상당히 적다. 다리 하나 건너면 대부분 아는 사람이기 마련이고 직접적으로 알고 지내온 경우는 더 많을 것이다. 이런 사람에게 양심과 지식에 따라 냉정하게 평가를 내린다면 그 사람과는 관계가 멀어진다. 혼자 잘난 체한다는 욕을 주위로부터 받게 될 것이 뻔하다. 평가를 받는 사람 입장에서는 그 평가가 중요할수록 평가자에게 매달릴 수 있다. 학연과 지연, 친분관계 이런 것 연결하다 보면 어느 평가자 치고 마음이 약해지지 않을 수 없다. 이러다 보니 특정지방 사람이 정권 잡으면 그 지방에서 사람들이 우르르 중용되고 소외된 지방 사람들은 열 받는다. 둘이 싸우는 것 보면 '기타' 지방 사람들은 한국에 지방이 두 개밖에 없나 생각이 들기도 하고 그나마 싸움에 한 번 끼어보지도 못하는 자신의 모습에 기가 막히기도 한다.

사회의 이른바 소수계층에서 대통령이 나오면 기용할 사람에 대한 냉정한 평가보다는 그 사람이 예전에 잘나가던 사람이냐 아니냐가 중요해지기도 한다. 잘나가던 사람은 잘나갔다는 것 하나 때문에 미움을 받고 못 나가던 사람이 중용되기도 한다. 기본적으로 냉정하고 객관적이어야 할 평가에 끼어드는 변수가 많다. 평가시스템에 대한 신뢰는 무너지고 손해를 본 사람은 공정하지 못한 사회라며 불만을 갖는다. 자기보다 좋은 평가를 받은 사람에 대해 승복하지도 못하고 감정이 좋을 리도 없다. 서로가 싸우게 되고 분열이 생기지만 당했던 사람이 다시 높은 위치에 올라서면 자기도 똑같이 행동한다. 감정적이고 情적인 문화이기 때문에 객관적이고 냉정한 평가가 이뤄지기 힘든 것이다.

튀면 죽는다

그렇다면 이런 상황에서 냉정한 평가를 고집하는 사람은 어떤 대우를 받겠는가? 냉정하게 평가하기 위해서는 자주 여러 사람의 민원을 거부해야 할 것이다. 학연과 지연을 내세워 그 사람을 잘 봐달라는 상사와 친구, 후배, 선배, 국회의원, 관계 공무원, 친척의 부탁을 거절할 용기가 있어야 한다. 이런 용기가 있는 사람은 '고지식하다', '융통성이 없다', '잘난 척한다', '건방지다'는 평가에서부터 '너 언제까지 그렇게 잘나가나 두고 보자'는 협박까지 모두 각오해야 한다. 실제로, 지속적으로 이런 청탁들을 거절하는 사람이 청탁을 거절당한 사람들이 씹어 대는 협공을 뚫고 평가할 수 있는 센 자리에 오래 버틸 수 있을지는 극히 의심스럽다.

평가시스템에 대한 외경심이 없다

가장 대표적인 평가는 우리가 학교에서 보는 시험일 것이다. 어릴 적 시험 얘기를 하다 보면 커닝이 빠질 수 없다. 그때 이런 식으로 커닝했지, 하는 기억은 얼굴에 미소를 띠게 한다. 손에다 적고 책상에 적고 친구 것 훔쳐보고… 친구들한테 잘 보여주는, 공부 잘하는 친구는 의리가 있는 것으로 통했고, 그러지 않는 '놈'은 쩨쩨한 것으로 낙인 찍혔다. 요즘은 휴대전화, mp3 등 각종 첨단장비까지 동원돼 출제당국이 부정행위 단속에 골머리를 앓는다고 한다. 토플 같은 시험을 내는 미국기관들도 이런 커닝행위 때문에 시험방법을 바꿨다는 수군거림도 있다.

대학을 졸업하고 미국 대학원에 다니기 위해 입학원서를 준비하던 때였다. 미국 대학들이 요구하는 평가기준 가운데 중요한 것이 교수나 회사 상사의 추천서이다. 당시 나로서는 도대체 왜 미국사람들이 추천서를 요구하는지 이해가 되지 않았다. 추천서를 세 장인가 냈던 것으로 기억하는데 교수님들은 제자가 유학을 간다고 하니 모두 선선히 써 주시겠다 허락하셨다. 내용도, 내가 좋은 내용으로 써서 가지고 가면 조금씩 고쳐서 서명을 해주는 식이었다. 그러다 보니 이런 추천서를 참고하는 미국 대학들이 이해가 되지 않는 것이었다. 다 좋은 말인데 무슨 평가기준이 된다는 말인가? 하지만 사실 추천서는 이런 식으로 쓰면 안 되는 것이었다. 빈 봉투를 가져다드리고 교수님이 직접 쓰셔서 나한테는 보여주지 않고 직접 학교당국으로 부치는 것이 정석이었다. 이유는 뻔했다. 내용을 제자가 보게 되면 객관적 평가를 할 수 없고, 따라서 그 내용은 교수와 학교당국 간의 비밀에 부쳐져야 하는 것이었다.

실제로 미국에서 대학원을 마치고 박사과정 몇 군데를 지원한 적이 있었는데 당시 담당 미국 교수님은 그런 식으로 추천서를 써주셨다. 아마도 미국 대학들이 한국의 입학 지원자가 보내는 추천서를 별로 신용하지 않을 것이라는 짐작이다. 대부분 교수님들이 좋은 말을 써주시는데 좋은 추천서도 한두 번이지, 매번 받다 보면 신뢰도가 떨어질 것이다. 그렇다면 정말 교수님이 그해 졸업생 가운데 이 학생은 그 미국 학교에 꼭 보내주고 싶다고 생각할 만큼 훌륭한 학생이 있다고 하면 어떻게 할까? 그때는 또 잘 써줘 봐야 효과가 없을 것이다. 추천서에 대한 신뢰가 이미 무너졌기 때문이다.

대학교 들어갔을 때, 임용되신 지 얼마 안 된 젊은 교수님이 계셨다. 시험시간에 어떤 학생의 부정행위를 발견하셨던 모양이다. 이 교수님이 책상 위를 돌다리 건너듯이 번개같이 내달으시더니 커닝 학생을 잡아내 망신을 주셨다고 한다. 사실 우리들에게는 이런 일이 충격이었다. 뭐 그만한 일을 가지고 교수님이 체통 없이 뛰어다니신다는 말인가? 그 혈기왕성한 교수님은 지금은 많은 사람들이 알아보는 유명한 분이 되셨다. 평가제도의 공정성을 해치는 행위에 대한 죄책감은 없었다. 그것이 지극히 개인적인 일로 여겨졌고 남에게 피해를 주는 일이라고 생각한 적은 별로 없었다.

사실 평가제도를 훼손하는 행위의 문제점 가운데 하나는 직접적 피해자가 있는 경우가 별로 없다는 것이다. 따라서 아무도 여기에 대해 세게 항의하고 시정을 요구하지도 않는다. 어떤 사람을 폭행하거나 그 사람의 물건을 훔치면 경찰에 신고를 당하기 마련이다. 하지만 어떤 학생이 과학경시대회에 교육청 연구관이 만든 작품을 출품해 입상을 하고 그 경력으로 대학에 들어간다 한들 사람들은 '그럴 수가' 하고 개탄만 할 뿐이다. 그 학교 학과에 넣었다가 떨어진 사람들조차 여기에 대해 소송을 제기한다든지 대학측에 항의한다든지 하는 일은 잘 하지 않는다는 것이다.

AP 통신이 타전한 한 기사가 있어서 소개한다. 2005년에 미국 콜로라도에서 일어난 일이다.

> 이글 밸리 고등학교 교장 마크 스트라크빈 씨는 손으로 쓴 한 장의 편지를 다섯 손자를 둔 65살 된 할머니로부터 받았다. 할머니는 여기서 자신이 1957년 가을학기 셰익스피어 시험에서 답안지를 훔쳤다고 고백했다.
>
> "47년이 지난 지금 이런 편지가 아무런 의미가 없다는 걸 압니다. 하지만 이 편지를 통해 학생들이 부정행위를 하지 않고 정직할 수 있길 바랍니다. 양심은 이런 일들을 잊지 않습니다. 하나님은 저를 용서하셨지만 그래도 이런 사실을 학교에 자백해야 한다고 생각했습니다."
>
> 스트라크빈 교장은 할머니의 이름은 공개하지 않았다. 그러나 그녀가

1958년에 학교를 졸업했다는 사실은 확인해 줬다. 교장은 양심을 따라 살아야 한다는 교훈을 주기 위해 모든 교실에서 이 편지를 읽어주었다.

"핀이 떨어지는 소리도 들을 수 있을 만큼 조용했습니다"라고 교장은 말했다.

우리나라에서도 2006년 11월 비슷한 사례가 있었다. 경향신문에 난 기사이다.

30년 전 제주시내 문구점 등에서 장난 삼아 물건을 훔쳤던 40대 남자가 최근 후회의 글과 현금을 경찰서에 맡겨 경찰이 피해 가게주인 찾기에 나섰다. 13일 제주경찰서에 따르면 "중학생 시절인 1976년 12월부터 3개월여 동안 첩보영화 주인공이 된 기분으로 문구점, 잡화점 등에서 8차례 도둑질을 했다"며 "훔친 물건에 해당하는 금액을 주인에게 돌려 주라"는 내용의 진정서와 현금 75만 원이 접수됐다. '김동윤'이라는 가명으로 접수된 진정서에는 자신이 훔친 물품과 당시 가게의 위치도가 자세히 쓰여 있다. 경찰은 전담팀을 구성해 확인작업을 벌이고 있다. 강명조 제주경찰서장은 "진정인이 얼마나 죄책감에 시달렸는지 짐작이 간다"며 "사죄의 마음이 전달될 수 있도록 피해자들을 모두 찾아내 돈을 전달하겠다"고 말했다.

미국사람들만 양심이 있는 것은 아니다. 하지만 과문한 탓인지 우리나라에서 어렸을 때 도둑질이 아닌 커닝한 것을 참회하는 이런 비슷한 일이 있었다는 일은 들은 적이 없는 것 같다. 또 사실 그런 일이 있었는지는 별로 중요하지 않은지도 모른다. 평가제도에서 부정행위를 하는 것에 대한 사회 전반의 분위기가 어떤 것인가가 더 중요하다. 도둑질하는 것과 마찬가지로 부정행위가 남에게 피해를 주는 행위로서 양심의 가책을 받아야 한다는 인식은 그다지 강하지 않은 것이 아닌가? 동창들끼리 만나서 어렸을 때 함께 했던 커닝을, 추억을 밟듯 회상한다면 말이다.

시스켈과 에버트의 손익계산

그렇다고 온갖 유혹을 물리치고 냉정하고 공정한 평가를 내리는 것이 도덕적 자각에서만 오는 것은 아닐 것이다. 거기에는 실제적 이익도 있는 것이다. 시스켈과 에버트의 영화평론 프로그램을 보자. 이들에게도 영화사나 지인들로부터 유무형의 압력이 있었을 법하다. 때로는 개인적으로 봐주고 싶은 영화가 있었을 수도 있다. 하지만 이런 유혹을 못 이기고 대강 봐주는 평론을 했다고 치자. 몇 번 이런 일이 반복되면 시청자들의 불만이 쌓일 것이고 이는 시청률에 반영될 것이다.

권위와 신뢰가 손상된 평가기관의 미래는 뻔하다. 프로그램은 문을 닫고 그들에게 돈과 명예를 가져다주던 밥그릇은 날아가고 만다. 평가를 업으로 하는 사람의 입장에서 보면 객관적 평가야말로 가장 좋은 사업전략일 수 있다. 대중은 권위있고 믿을 수 있는 평가자를 갈망한다. 그런 평가자가 돈을 벌고 성공할 수 있는 시장은 언제나 있는 것이다. 짧게 보고 자신의 공정성을 스스로 훼손한다면 영리한 장삿속도 못 된다…. 하지만 이 말은 해놓고 나서도 너무 '공자님 말씀'이라는 걸 나 스스로도 솔직히 인정한다. 앞에서 말했듯 이렇게 좁은 나라에서 그런 냉철한 자세를 유지한다는 게 가능한 일인가 말이다.

Zagat의 교훈

그렇다면 Zagat의 경우는 어떤가? 이들은 어떻게 공정성에 대한 권위를 지키고 있는가? 이 책에 25만 명의 식도락가들의 의견이 반영된다고 한다. 이런 엄청난 수의 사람들의 평가를 중립적이지 않다고 의심하기는 쉽지 않다. 어떤 '私'가 개입할 여지가 적다는 것이다. 사실 우리나라에도 맛있는 식당에 대한 안내서가 많은 것으로 안다. 대부분 어떤 식도락가가 찾아가 보고 평점을 내리는 식이다. 이런 책들을 쓰신 분들이 객관적으로 쓰지 않았다는 말이 아니다. 여기저기 아는 사람이 널려 있는 우리나라 풍토에서 독자들이 이런 책들을 읽으면서, 이 식당주인 저자랑 아는 사이 아닐까 하는 생각을 하지 않을까?

그런 의미에서 Zagat가 우리에게 시사하는 바가 있다. Zagat에서 가장 높은 사람도 어쩔 수 없는 평가의 메커니즘을 만들어 버리는 것이다. 어떤 로비가 들어오더라도 시스템이 이렇기 때문에 할 수 없다고 핑계를 댈 수 있도록 해주는 것이다. 때로는 top의 주관적 평가가 필요하기도 하다. 하지만 그런 주관적 평가가 공정하게 이뤄질 토양이 성숙돼 있지 않다면, 양심을 지키려는 평가책임자들에게 어쩔 수 없다는 핑계를 주고 그렇지 않은 담당자에게는 다른 생각을 할 수 없도록 시스템을 만들어 주는 것이 차선책이 아닐까?

부정행위는 반사회적 범죄이다

두서없이 말이 길어진 듯싶다.

이런 말이 있다. 중국사람처럼 돈을 밝히는 사람들이 사회주의를 하는 것과 한국사람처럼 사회주의적인 국민성을 가진 사람들이 자본주의를 하는 것이 신기하다. 그러고 보니 세계에서 끝까지 사회주의를 하는 나라가 북한이다. 또 '한국사람들이 가장 잘 앓는 질환은 복통이다'라는 말도 있다. 우리가 흔히 남용하는 말에 위화감이라는 단어가 있는데, 그저 위화감을 조성한다고 하면 그 행위의 본질을 따져 보지도 않고 나쁜 일로 매도되기 일쑤이다. 골프는 위화감을 조성하는 운동이어서 운동할 때 세금을 많이 내야 하고, 조기유학 같은 일들도 위화감을 조성하기 때문에 바람직하지 않다. 외국에서 공부하고 온 아이가 한국에 돌아와 학급에서 영어를 잘하면 또 위화감이 조성된다. 이런 것들은 모든 사람이 비슷한 대접을 받아야 한다는 인식, 더 나은 지위를 누리고 있는 상류층, 특권층에 대한 비존경심, 적대감을 감지할 수 있는 말들이다.

왜 우리나라에는 standing ovation, 기립박수가 없을까? 어릴 적 아카데미 시상식을 보면서 가졌던 의문이다. 성격이 내성적인 나로서는 한국인들이 감정을 표현하길 꺼리는 것이라 짐작했다. 그건 아마도 맞는 분석이었을 것이다. 하지만 그 가운데 일부는 기립박수를 보낼 만하다고 인정하고 싶은 사람이 없다는 감정 때문은 아닐까? '권위'로 인정받고 대부분 사람들로부터 추앙을 받는 인물이 한국에 있는가? 전직 대통령? 원로 소설가? 역대 대통령 가운데 재직시 우리가 사는 나라의 국가원수로서 대다수 국민들로부터 존경은 고사하고 존중이라도 받은 대통령이 없다. 대부분 그 사람들 잘못이기는 하지만 임기 말년이 되면 만신창이가 되고 만다. 그러면 역사상 존경을 받는 인물을 찾아보자. 물론 김구 선생과 이순신 장군이 있다. 그들의 공통점은 무엇인가? 국가를 위해 일하다 암살당하거나 전사하셨다. 정말 존경받기 힘든 사회인 것이다.

황우석 사태가 난 이후 끝까지 미련을 버리지 않았던 '황빠'들의 절망, 그리고 거짓으로 판명 나기 전 황우석 씨에 대해 쏠렸던 흠모는 그런 면에서 어느 정도 이해가 가는 부분이 있다. 이 사회에도 누군가를 존경하고 싶은 갈망이 있는 것이다. 그것이 산산이 조각났을 때의 공허감 앞에 아무리 논리적 설명을 해도 그런 설명을 하는 사람이 미워지는 원초적인 본능이 있을 것이다. 존경받을 가치가 없는 사람들을 단순히 그들이 사회의 지도층에 있다고 존경하자는 것은 아니다. 왜 이렇게 존경받는 사람이 없느냐는 얘기를 하기 위해서다.

정리해 보자면 평가제도는 그 사회의 자원을 효율적으로 배분하기 위한 필수적 도구이다. 우리가 갖고 있는 자원을 최대한 쥐어 짜내도 선진국에 진입하기 쉽지 않은 형편이다. 그나마 활용하지 못한다면 선진국의 길은 요원하다고 봐야 할 것이다. 평가제도가 제대로 서지 않고는 불가능하다는 말이다. 그것이 음식점 가이드건, 무슨 작품에 대한 평론이건, 어느 회사의 경영에 대한 평가이건 올바른 평가는 그 정보의 소비자에게 바른 의사결정을 하게 한다. 제대로 된 평가에서 우위를 차지한 사람이나 집단에게 자원이 우선적으로 배분되고 사회의 발전에 보다 유익한 output을 내게 된다. 평가받는 집단의 구성원에게는 그 평가에서 남보다 잘하기 위한 동기를 제공한다. 또 이 평가를 바탕으로 그 조직의 정체성이 정의되기도 한다. 평가가 제대로 서면 그 조직원들 사이에는 패배에 승복하는 분위기가 형성되고 조직의 분란을 줄일 수가 있다. 반면 평가가 제대로 서지 못하면 편법과 반칙을 통해 좋은 평가를 받으려는 풍조가 생겨나 조직을 망치고 만다. 평가에 대한 신뢰가 없기 때문에 승자에 대한 존경심이 없고 '내가 너보다 못한 게 뭐 있느냐'는 의식이 팽배해진다.

앞에서 미국의 슈퍼마켓의 예 등을 통해서 우리나라 국민의 능력이 미국 사람들보다 나으면 낫지 못하지 않다는 주장을 한 적이 있다. 도대체 우리나라보다 못한 면이 많은 미국 같은 이런 나라가 왜 선진국인지 의문을 가지게 되는 경험들도 많이 했다. 실제로 한국이 세계적 기준에서 볼 때 이제 이른바 선진국들에 비해 뒤지지 않는 나라라는 인식은 결코 국수적인 자기도취는 아니다. 오히려 우리나라 사람들이 국제적 인식에 비해 우리의 국제적 위상을 너무 과소평가하고 있다는 생각을 자주 하게 된다.

2000년 무렵 영국에서 잠시 공부할 때 영국 교수와 한국에 대한 얘기를 나눈 적이 있다. 무심코 한국은 영국만큼 잘사는 나라가 아니라는 취지의 말을 했는데 그때 영국 교수의 얼굴에 나타났던, 무슨 얘기를 하느냐는 놀라움의 표정이 아직도 기억난다. 그는 단호하게 "나는 그렇게 생각하지 않아!" 라고 나에게 대답했다. 한국은 반도체와 HD TV, 자동차를 수출하는 나라이다. 이런 상품들을 자체적으로 생산하지 못하는 세계 대부분 나라 사람들이 거리와 가정을 점령하고 있는 한국제품들을 보면서 한국에 대해 어떤 생각을 할지는 자명하다. 다른 나라들이 못하는 일들을 우리는 해내고 있는 것이다.

그런데도 한국을 선진국이라고 부르는 사람은 없다. 한국이 만드는 기술집약적 상품들을 거의 생산하지 못하면서도 영국처럼 선진국 얘기를 듣는 나라들은 많다. 우리 국민이 능력이 없어서 선진국이 못되고 있다고는 할 수 없을 것이다. 우리는 때로는 긍정적인 것과 부정적인 의미를 함께 담아서 '한국사람들 정말 대단하다', '한국이니까 가능하다'는 취지의 말을 많이 듣는다. 거기에는 극성스럽다, 생활력이 강하다, 똑똑하다, 우리는 해낼 수 있다 등의 복잡한 의미가 포함됐을 것이다. 하지만 그런 말 뒤에 생략돼 있는 뭔지 딱 집히지 않는 아쉬움이 있는 것도 사실이다. 그것은 무엇일까? 우리가 어렸을 때 흔히 들은 얘기로는 일본사람들이 일제시대 때 우리나라 사람을 깎아내리기 위해서 했다는 말로, 조선인은 사람 하나 하나를 놓고 보면 똑똑한데 모래알처럼 흩어지고 서로가 싸운다는, 그런 '분석'도 있었다.

내가 여기서 그 아쉬움의 복잡한 정체를 안다고 주장하는 것은 아니다. 그 아쉬움을 남기는 부분, 잠재력과 능력의 합이 국가전체의 능력으로 이어지지 않는 이유 가운데 하나가 이런 것은 아닐까, 짐작해 본 것이 이 책의 마지막 부분의 임무였다.

그렇다면 해결책이 있는가?

사실 이 의문에 대한 답은 아주 … 어려운 부분이다.

평가시스템을 해치는 부정행위는 평가자건 피평가자가 하는 행동이건 간에 반사회적 범죄이다. 우선은 이걸 사회구성원들이 인식하는 것이 중요하다. 남에게, 나아가서 사회에 피해를 주는 행동이라는 것을 이해하지 않고서는 해결책이 나올 수가 없다. 문제의 심각성을 인정하지 않는데 어떻게 해결이 가능하다는 말인가? 알코올 중독자 모임에 나가면 가장 먼저 그들이 남들 앞에서 하는 말이 '나는 알코올 중독자이다'라고 인정하는 일이라고 한다. 부정행위가 도둑질처럼 나쁜 행위라는 것을 인식해야 하는데, 평가시스템을 지키는 데는 단순한 준법의식뿐 아니라 사사로움에 얽매이지 않는 냉철함이 문화 자체에 배어 있어야 한다는 것이다.

'냉철함', '논리성', 이런 것들은 한국 문화의 특성과는 거리가 있는 개념들이라는 데 문제가 있다. 혈연과 지연, 학연으로 얽히고 설킨 이 나라, 의리와 은혜, 보은, 정, 정서 같은 개념들이 지배하는 이 좁은 나라에서 어려운 문제라는 것이다. 그런 점에서 이런 평가시스템이 제대로 설 것이냐에 대해 회의적 생각을 갖고 있기는 하다.

다만 앞에서도 잠깐 언급했듯이, 주관적 창조성이 결여될 수 있기는 하지만, 평가자가 임의로 결정할 수 있는 부분을 제거한 평가방법을 개발한다든지, 각종 고시와 수능시험, 대학입시, 회계제도, 기업평가 등 공적 평가시스템을 해치는 행위를 보다 엄하게 처벌한다든지, 또 기업 등에서 직원들에 대한 평가시스템을 회사의 생존과 직결시켜 중하게 여기는 조직문화를 만들어 간다든지 하는 방법은 있을 것이다. 문제는 보이는데 해결책은 모르는 게 직업병이다 보니 이 정도에서 마무리하는 것을 양해해주시기 바라며….

이해가 가지 않는 부분

미국에 대해 이것저것 아는 척 많이 한 것 같다. 그런데 미국의 대중문화를 보면서 정말 이해가 가지 않았고 지금도 이해가 가지 않는 부분이 있다.

6백만 불의 사나이, 특수공작원 소머즈, 원더우먼. 우리 어렸을 적, 막 인기를 끌기 시작하던 프로그램들이다. 모두 정도의 차이는 다르지만 초능력을 가진 사람들의 이야기이다. 우주조종사 출신 스티브 오스틴이 나오는 6백만 불의 사나이에서, 오스틴이 지금도 생각나는 그 효과음과 함께 슬로비디오로 초능력을 써 악당들을 물리치면 어린이들은 물론이고 어른들도 속이 시원해지는 통쾌감을 맛보곤 했다. 아! 옛날이여! 여기서 이 말을 쓰는 건 이런 추억들이 잘 못살던 시절 순박했던 사람들의 심성을 왠지 보여주는 것 같아서이다. 사실 그때 사람들은 프로레슬링이 진짜로 싸우는 건 줄로 알았다. 세계에서 제일 잘사는 나라 미국의 기술로 초능력의 사나이 '6백만 불의 사나이'가 만들어질 수 있다는 것에 대해서 별 의심을 하지 않았다. 하지만 6백만 불의 사나이와 소머즈에 나오는, 기계를 사람 인체에 접합시키는 기술은 20년이 지난 지금도 이뤄질 가능성이 요원할 정도이다. 한마디로 그 당시로서는 너무나도 비현실적인 영화였다. 팔등신 미인 린다 카터가 나왔던 원더우먼은 그나마 더 황당한 경우였다. 그렇다면 잘 못살던 우리나라는 그렇다 치고 세계 최고의 선진국 미국에서는 왜 이런 말도 안 되는 비현실적인 영화가 인기가 있었던 것일까? 아니, 좀더 나아가 왜 이런 영화들이 지금까지도 인기가 있는 것일까?

6백만 불의 사나이의 후예들은 지금도 미국의 영화와 TV 시장을 장악하고 있다. 스파이더맨, 버피 더 뱀파이어 슬레이어, 엑스맨, 수퍼맨, 수퍼걸, 캣우먼, 배트맨… 일일이 나열하기가 힘들 정도의 초능력자들이 미국 연예계를 누비고 있다. 드라마에는 흡혈귀를 제거하는 능력을 타고난 여고생이 나오는가 하면 유령과 얘기를 나눌 줄 아는 주인공, 아예 외계인인 주인공, 수퍼맨의 어린 시절, 앞으로 일어날 일을 내다볼 줄 아는 주인공들이 활약한다. 이들 작품의 특징은 이 사람들이 초능력을 갖고 있다는 지극히 비현실적인 기본전제를 제외하고는 나머지 부분이 짐짓 사실적으로 묘사된다는 것이다. 어찌 보면 코미디이다.

이런 상황은 우리나라 상황과 비교해 보면 극명하게 대조된다. 우리나라의 경우 영화나 드라마에서 이런 비현실적인 소재가 주제로 등장해 크게 히트를 치는 경우는 거의 없다. 얼핏 생각나는 게 은행나무 침대 정도이다.

어렸을 적 중국영화를 보거나 삼국지를 재미있게 읽으면서 저 멀리서 느껴야 했던 이성의 목소리가 있다. 야! 이 친구들 뻥 심하네. 외팔이가 한 팔로 수십 명의 정상인 무예고수들을 물리치고, 사람들이 붕붕 날아다니고, 젓가락으로 파리를 잡고, 조자룡이 칼 하나 들고 적진을 뚫고 하는 일들이 모두 합리적인 사고를 포기하지 않고는 불가능한 일이었다.

여기서 갑자기 중국사람들 얘기를 하는 것은 중국과 미국이 이런 비현실적인 대중문화에서 일맥상통하는 부분이 있기 때문이다. 중국계 영화인들도 할리우드에서의 활약이 대단하다. 이 두 나라 사람들은 말도 안 되는 비현실을 대중문화로 만드는 데 대해 별로 이성적 부끄러움을 느끼지 않는 것 같다. 실제로 미국 영화계에서, 영웅본색을 만든 오우삼 감독이 대단한 존경을 받고 있는 것을 발견한다. 영웅본색을 처음 봤던 1980년대 중반 느꼈던 충격이 아직도 남아 있다. 중국사람들이 언제부터 이렇게 영화를 잘 만들었나 하는 부러움 같은 것이었다. 하지만 영화를 보고 나오면서 한 가지 이의를 제기할 수밖에 없었던 건 "요즘 총 성능에 문제가 있는 것이 아닌가? 아니, 어떻게 그렇게 총을 많이 맞았는데 주윤발은 죽지 않는 것인가?" 하는 것이었다. 오우삼이 미국영화에 끼친 영향은 대단한 듯하다. 영웅본색에서 보여준 무용식 액션은 요즘 타란티노 등 젊은 미국 감독들이 만든 영화에서 자주 차용된다. 매트릭스 같은 영화는 상황만 공상과학이지 사실은 중국영화라고 봐야 할 것이다. 실제로 액션장면은 중국사람이 연출했다고 한다. 현실에서의 총격전 상황이 그렇게 진행될 리가 만무하지만 중국사람들의 그런 비현실적인 감성이 미국사람들에게는 너무나 잘 맞는 것 같다. 와호장룡처럼 아예 중국영화가 미국시장에서 히트를 치고 작품성까지 인정받은 게 현실이다. 한국사람의 감성에는 이런 것들을 즐기기는 하지만 좀처럼 따라서 만들 생각은 하지 않는 이성의 마지노선이 있는 듯하다.

미국사람들의 뿌리라고 할 수 있는 유럽 영화나 드라마는 이런 비현실적인 상황을 전제로 하지 않는다는 것을 보면 미국 대중문화의 이런 면은 더 이해하기가 힘들다.

세계에서 가장 잘사는 나라 사람들의 비현실과 허구에 대한 매료는 도대체 무엇으로 설명할 수 있을까? 이 나라 사람들은, 우리나라 사람들이 20년 전에 졸업한 프로 레슬링을 아직도 좋아하고 있다.

에 · 필 · 로 · 그

이 책을 쓰기 시작한 것은 단편적으로 머릿속에 갖고 있던 생각들을 비우고 정리해야겠다는 청소심리가 발동해서이다. 중학생 때부터 시작된 미국 대중문화에 대한 관찰이 모두 시간낭비는 아니었다는 것을 확인해 보고 싶었는지도 모른다.

한국인들은 엄청난 미국문화의 홍수 속에서 하루하루를 살아간다. 하지만 막상 미국이란 나라가 어떤 나라인가에 대해서 대강의 개념을 갖기는 쉽지가 않은 듯싶다. 우리가 자랄 때는 미국의 문화를 접할 기회가 상대적으로 더 적었지만 미국을 알려는 호기심은 오히려 강했는지도 모른다. 경제적으로나 문화적으로나 자급자족이 가능해진 요즘은 오히려 이런 관심이 적어진 것 같다. 흑인들이 좋아하는 랩을 따라 하고 그들의 춤을 세계수준으로 잘 춘다 해서 그들이 어떤 사람들인지를 이해하는 것은 아닐 것이다. 미국문화에 대한 대량소비는 확산됐지만 이것이 우리의 상승한 위치에 대한 자부심과 묘하게 맞물려, 문화를 소비만 하고 이해는 하지 못하는 현상으로 이어지고 있는 것은 아닌지… .

21세기 OECD 국가인 한국에서는 아직도 미국인의 행동을 우리 식으로 이해하고 흥분하는 일이 비일비재하게 일어나고 있다. 가뜩이나 좁은 나라는 인터넷의 등장으로 더욱 좁아졌고 다수의 정서에 반하는 생각을 공개적으로 얘기했다가는 여론의 집중구타를 당하기 일쑤이다. 예전에는 무슨 '안티' 이런 말이 없었다. 창조적이고 합리적인 소수의견이 오히려 없어진 느낌이다.

이 책이 미국에 대한 이해를 조금이나마 도왔다면 다행이겠지만 크게 도왔을 것이라는 건 기대도 하지 않는다. 온갖 잡종들이 모여 사는 이 나라를 한 원리로 설명한다는 것 자체가 무리이기 때문이다. 사실 그렇게 미국을 보기 시작하면 거기서부터 일은 꼬이는 것이다. 화가 나는 일이 있으면 감정만 내세워 미국에 화낼 일이 아니다. 정치인들이 그렇게 하면 국민들은 시원해 할지도 모른다. 하지만 그건 우리끼리 자아도취에 머물 뿐이다. 미국을 이해하고 그들이 정말 아파하는 부분이 뭔지를 파악해 그 부분에서 항의의 명분을 찾아야 한다. 없으면 기분이 나쁘더라도 참고 넘어가야 한다.

친미냐 반미냐 하는 얘기는 이제 old story이다. 한국의 정치, 경제, 국방에서 미국과 관련되는 비중을 생각한다면 반미하자는 얘기는 지적 허영이고 위선일 뿐이다. 그런 사람들은 자신이 일어나서 먹고 입고 마시고 돈 버는 과정들이 얼마나 미국과 직 · 간접으로 관련돼 있는가를 한 번 돌아볼 필요가 있다. 항의할 일이 있어도 아무 말도 못하고 미국 눈치만 보는 의미의 친미도 어이가 없는 일이다. 한국의 국제적 위상에 맞지도 않는 일이고, 그런다면 미국사람들에게 오히려 경멸만 당할 뿐이다. 할 말은 하되 그 말이 얼마나 논리적으로 설득력을 갖느냐가 중요하다. 그를 위해서 이 엄청나게 덩치 큰 친구, 미국을 좀더 이해하는 데 도움이 되었으면 한다.